Inga Bodenburg, Irmgard Kollmann

Frühpädagogik – arbeiten mit Kindern von 0–3 Jahren

Arbeitsheft

2. Auflage, neu bearbeitete Auflage

Bestellnummer 50551

Bildungsverlag EINS

service@bv-1.de
www.bildungsverlag1.de

Bildungsverlag EINS GmbH
Ettore-Bugatti-Straße 6-14, 51149 Köln

ISBN 978-3-427-50551-8

Inhaltsverzeichnis

Vorwort

Liebe Leserin, lieber Leser,

nachdem im Frühjahr 2014 die dritte Auflage des Lehrbuchs „Frühpädagogik – arbeiten mit Kindern von 0 bis 3 Jahren“ erschien, halten Sie jetzt die zweite Auflage des dazugehörigen Arbeitsheftes in den Händen. Wir haben den Aufbau und die Gliederung dieser Neuauflage der veränderten Struktur des Lehrbuchs angepasst.

Als das Deutsche Jugendinstitut 2011 den „WiFF- Wegweiser Weiterbildung: Kinder in den ersten drei Lebensjahren“ herausgegeben hatte und viele Gespräche mit Erzieherinnen und Erziehern, mit praxisanleitenden Fachkräften, mit Lehrern aus den sozialpädagogisch orientierten Schulen und in der Fort- und Weiterbildung stattgefunden hatten, wurde deutlich, eine Anpassung des Arbeitsbuches an das Lehrbuch ist aus Gründen der Handhabbarkeit erforderlich. Sich Fachwissen zu bestimmten Themen im frühpädagogischen Arbeitsfeld anzueignen, bedeutet noch nicht, dieses auch bewusst, sicher und ohne Druck in die Praxis umsetzen zu können.

Das Qualifikationsprofil von Fachkräften der Frühpädagogik hat sich in den letzten Jahren nicht nur im Umfang, sondern vornehmlich in seinen Inhalten und Schwerpunkten verändert und ausgestaltet. Während bis Mitte des zwanzigsten Jahrhunderts noch Merkmale wie Pflege, Hygiene und Bewahrung der Kinder vor häuslichen Mangelsituationen im Vordergrund der Arbeit von Kinderkrankenschwestern in „Krippen“ standen, zeichnete sich mit Ende der 1970er-Jahre eine grundsätzliche Wendung ab, sowohl in der Beschreibung des Arbeitsfeldes „Frühpädagogik“ als auch in dessen Qualifikationsmerkmalen. Heute arbeiten in Kleinstkindgruppen fast ausschließlich Erzieherinnen und sozialpädagogische Assistentinnen[1] anstelle von Pflegepersonal. Kindertageseinrichtungen haben heute einen viel weitergehenden Erziehungs- und Bildungsauftrag als die ehemaligen „Krippen“. Neben der Sicherung vitaler Grundbedürfnisse deckt die frühpädagogische Kita insbesondere kognitiv-soziale und kommunikativ-emotionale Bedürfnisse von Kleinstkindern ab. Einrichtungen für Kinder unter drei Jahren müssen zunehmend auch in der Assistenz von Familien tätig werden. Sie schaffen Ausgleich für fehlende Entwicklungsanregungen und ergänzen die Anregungen des familiären Umfeldes. Auf diese Anforderungen sind wir bei der Entwicklung des Arbeitsheftes eingegangen. Wir haben einzelne berufliche Handlungsfelder in der Unter-drei-Gruppe analysiert (z. B. das Gestalten von Pflegesituationen). Die Ergebnisse der Analyse lieferten eine konkrete Beschreibung von Handlungskompetenzen, mit deren Hilfe wir die Aufgaben formuliert haben. Auch die Erwartungen von (zukünftigen) Erziehungskräften mit Blick auf Selbstverständnis, Berufsrolle und berufliche Herausforderungen haben wir einbezogen, sodass Sie als Leserinnen Zusammenhänge zu Ihren bisherigen Berufs- und Lernerfahrungen herstellen können und sich in Ihren Interessen und Zielen angesprochen fühlen. Wir haben auch bedacht, dass sich Ihre Arbeitssituation laufend durch neuartige Anforderungen verändert, insbesondere durch die Verknappung von Ressourcen und Veränderungen im familiären Umfeld der Kinder.

Schon vor dem Erscheinen des Lehrbuchs „Frühpädagogik“ traten neue oder auch frühere Erkenntnisse aus den Bezugswissenschaften in das Bewusstsein der Praxis (z. B. die Arbeiten Emmi Piklers oder die „Learning Stories“ aus Neuseeland). Solche neuen Aufgabenstellungen und Fragen haben wir einbezogen. Wer noch keine Erfahrungen mit Kleinstkindern gemacht hat, dem fällt es manchmal schwer, die individuellen Lernwege der Jüngsten zu verstehen. Ihr Forschungstrieb erscheint manchmal unverständlich – manchmal sogar störend. Andererseits besteht bei vielen Auszubildenden die Befürchtung, dass die Hilflosigkeit und das Angewiesensein auf Versorgung und Zuwendung sehr junger Kinder eine nicht zu bewältigende Aufgabe sei. Wir zeigen im Arbeitsheft Wege auf, wie Sie sich den Erlebens- und Verhaltensweisen kleiner Kinder mit Verständnis nähern

---

[1] *Zur besseren Lesbarkeit wurde im Text abwechselnd entweder das weibliche oder das männliche Geschlecht gewählt, auch wenn immer beide Geschlechter gemeint sind.*

und wie Sie diese mithilfe des Lehrbuchs (theoretisch) erklären können. Es geht in allen Kapiteln um die Stärkung des kooperativen Verhaltens, der Selbstbestimmung und der Entscheidungsfähigkeit der Kinder. In allen Kapiteln legen wir ein Modell beruflicher Handlungskompetenz zugrunde, das sich in vier Bereiche gliedert, die in jeder einzelnen Alltagssituation und jeder Unterrichtssequenz zum Tragen kommen. Die für das jeweilige Kapitel wichtigsten Kompetenzen finden Sie zu Beginn jedes Hauptkapitels. Damit die Einführung in die Kapitel nicht zu umfangreich wird, sind nicht alle Einzellernziele aufgeführt, sondern als übergeordnete Lernziele zusammengefasst.

Fachkompetenz

Beispiele:

- Kinder beobachten und mit einer erfahrungsreichen Lernumwelt und entsprechenden Angeboten reagieren
- beziehungsvolle Pflege und Tagesablaufgestaltung realisieren
- Gesundheitsprävention an den Merkmalen zukunftsfähiger Entwicklung ausrichten

Personalkompetenz

Beispiele:

- verlässlich und konstant äußerlich und innerlich präsent sein
- Orientierungssicherheit gewährleisten
- Beziehungspartnerschaft und Nähe anbieten
- eigene Verhaltensweisen reflektieren und ggf. ändern
- aktiv zuhören und beobachten
- flexibel auf neue Anforderungsbereiche reagieren

Methoden- und Lernkompetenz

Beispiele:

- Informationen beschaffen, verarbeiten, (im Team) auswerten
- Bildungsdokumentationen erstellen und präsentieren
- Entwicklungsverläufe dokumentieren

Sozialkompetenz

Beispiele:

- Respekt für die individuellen Lernwege jedes Kindes zeigen
- Sensibilität für die Situation jedes einzelnen Kindes in der Gruppe entwickeln
- sich auf individuelle Bedürfnisse einstellen
- im Team planen und gestalten
- Eltern einbeziehen

Aus unserer langjährigen beruflichen Erfahrung mit U3-Gruppen halten wir das Erreichen von Personalkompetenzen – wie emotionale Wärme, beurteilungsfreies Beobachten und Respekt vor den Bedürfnissen der Kinder – als besonders vorrangig für ein Arbeitsbuch. Erst vor ihrem Hintergrund können fachliches Wissen und fachliche Handlungskompetenz ihre Bedeutung erhalten. Das Buch bietet dafür Möglichkeiten zum „Probehandeln" in der Lerngruppe und kann als gemeinsamer Lerngegenstand wirken: Wahrnehmung und Reflexion von eigenen Erfahrungen sollen helfen, in kooperativen Arbeitsformen Selbstsicherheit zu gewinnen und gemeinsam ein pädagogisches

Grundverständnis sowie Ziele und Möglichkeiten für die eigene Arbeit zu entwickeln. Das Organisieren von Abläufen im Tages- und Jahresablauf und das Bewältigen der vielfältigen praktischen Aufgaben sowie das Schaffen einer vielseitigen Lernumgebung bekommen im Arbeitsheft viel Raum. Dennoch können wir nicht alle Alltagssituationen berücksichtigen und beschränken uns exemplarisch auf Situationen, die unserer Erfahrung nach am ehesten mit Problemen verbunden sind. Es ist uns wichtig, dass Sie als Leser in allen Kapiteln eine aktiv handelnde Rolle einnehmen. Unser Ziel ist es, Sie dabei zu unterstützen, eine kindzentrierte pädagogische Grundhaltung aufzubauen, anstatt Rezepte, theoretisches Wissen oder Verhaltensregeln zu lernen. Deshalb haben in diesem Buch instruktiv vermittelte Lerninhalte wenig Raum. Allerdings verweisen wir bei jeder neuen Aufgabe auf die entsprechenden Kapitel im Lehrbuch.

Neue Abschnitte leiten wir häufig mit der Aufforderung ein, sich an Ihre eigenen Erlebnisse und die damit verbundenen sinnlich-emotionalen Erfahrungen zu erinnern. Manchmal konfrontieren wir Sie auch mit ungewohnten Situationen (z. B. beim Umgang mit glitschigen Materialien oder beim Hineinversetzen in die Körperproportionen von Kleinstkindern). Unsere Erfahrung hat gezeigt, dass dieses Vorgehen Ihnen helfen kann, sich in späteren komplexen Praxissituationen leichter an das erarbeitete Wissen zu erinnern, es abzurufen und anzuwenden. Sie sollen z. B. mithilfe von Rollen- oder psychomotorischen Spielen die Bedeutung von Aktivitäten für Kinder aus deren Perspektive erfassen und andererseits für sich deren Relevanz und Durchführbarkeit testen. So haben Experimente zum Werken und Gestalten im Kleinstkinderbereich einen anderen Stellenwert und andere Ziele als im Elementar- und Schulkindbereich. Wir appellieren jedoch an Sie, jeweils genau zu prüfen, ob Sie unseren Vorschlägen folgen wollen. Denn Sie sollten nichts tun, zu dem Sie nicht bereit sind oder das Sie für sich als sinnlos empfinden. Sie selbst können anhand unserer Vorschläge den Unterschied zwischen prozesshaften und ergebnisorientiertem Arbeiten testen. Gemeinsames Musizieren, Singen und der Umgang mit selbstgebauten Instrumenten in Ihrer Lerngruppe bauen Hemmungen ab und sollen Ihnen helfen, Kreativität und Freude am Erfinden von Melodien und Texten zu entwickeln. Praktisches Entwerfen und Gestalten eines Raumkonzeptes sollen Ihre eigenen schöpferischen Kräfte mobilisieren und in Ihrer Lerngruppe Fantasie, Spannung und gemeinsame Gestaltungsfreude in der Entwicklung neuer Raummodelle wecken.

Diesen Hinweisen können Sie bereits entnehmen, dass das vorliegende Arbeitsheft nicht dem entspricht, was Sie vielleicht aus anderen Fächern kennen: Dort finden Sie Aufgaben, formulieren für jede eine Lösung und sehen irgendwo weiter hinten im Buch nach, ob Ihre Lösungen richtig sind. Da es in diesem Buch sehr häufig um Anregungen zum Nachdenken und Argumentieren geht, finden Sie nur für einen Teil der Aufgaben unsere Lösungen als Vorschläge, als Möglichkeit, die Sie annehmen oder verwerfen können.

Wir hoffen, dass das Buch Ihnen hilft, Ihren Arbeitsalltag zu erleichtern, Ihren positiven Blick auf die Kinder zu behalten und unterschiedliche Arbeitsformen in Kleingruppen, im Plenum und auch in Gesprächen mit Experten als wichtige Methoden zum Aufbau von Verhaltensmöglichkeiten im Team zu nutzen.

In diesem Sinne

Irmgard Kollmann, Inga Bodenburg im Januar 2015

1 Organisationsentwicklung und Qualitätsentwicklung

- Diversität mit dem Ziel einer inklusiven Frühpädagogik berücksichtigen
- Die Lebenswelten der Kinder einbeziehen
- Inklusion verwirklichen
- Das Geschlecht der Kinder berücksichtigen
- Eine anregungsreiche Entwicklungsumgebung schaffen
- Bewegungslernen unterstützen
- Bewegungsräume einrichten
- Das Außengelände gestalten
- Räume für bildnerische Grunderfahrungen einrichten
- Für Schutz vor Kindeswohlgefährdung sorgen.

1.1 Diversität mit dem Ziel einer inklusiven Frühpädagogik berücksichtigen

Im folgenden Abschnitt setzen wir uns mit wichtigen Ausgangsfragen auseinander, die sich bei der Umstellung der Einrichtungen vom Elementarbereich zum frühpädagogischen Bereich für Kinder bis zu drei Jahren ergeben. Welche Qualifizierungsbedarfe haben Mitarbeiterinnen einer Kita, wenn sie Kinder unter drei Jahren aufnehmen und Diversität als leitendes Prinzip in der pädagogischen Arbeit verwirklichen wollen? Wenn sie dabei das familiäre Umfeld der Kinder und unterschiedliche Lernausgangslagen in ihrer Arbeit berücksichtigen wollen? Wenn es darum geht, eine Umgebung zu schaffen, in der alle Kinder sich sicher und wohlfühlen und die ihnen entsprechenden Entwicklungsanreize finden? Aus dem weiten Feld der Handlungsanforderung Organisationsentwicklung haben wir einige grundlegende Aspekte von Selbstkompetenz ausgewählt, zum Beispiel die eigene Einstellung bezüglich der Betreuung von Kindern in den ersten drei Lebensjahren zu reflektieren und das eigene Familienbild zu hinterfragen.
Wir möchten Ihnen zunächst verdeutlichen, dass es „die Familie" zu keiner Zeit gegeben hat. Sie sollen anhand selbst erarbeiteter Merkmale Unterschiede zwischen Familienformen wahrnehmen können und überlegen, wie sich die ethnische und kulturelle Herkunft der Kinder, ihre Lebensumwelt, auf das Zusammenleben in der Gruppe auswirken. Dabei ist es wichtig, nicht nur die geschlechtliche Sozialisation, sondern auch besondere Rechte, Förderbedarfe und den Schutz vor Kindeswohlgefährdung einzubeziehen. Einen wesentlichen Teil dieses Kapitels nimmt die Gestaltung einer reizreichen, aber nicht reizüberflutenden Umgebung draußen und drinnen ein, die von der Prämisse ausgeht: Neugier, Forschungswille und Lernen im Kleinstkindalter entwickeln sich auf der Basis vielfältiger Sinneswahrnehmung im Rahmen von Bewegung.

1.1.1 Die Lebenswelten der Kinder einbeziehen

Folgende Annahmen über die Familie sind weitverbreitet: „Früher lebte man ganz anders zusammen als heute." Früher, damit ist die Zeit vor hundert und mehr Jahren in Nordeuropa gemeint. Damals

- dauerten Ehen viel länger als heute, weil es noch keine Scheidungen gab,
- lebte man in Großfamilien zusammen,
- hatten Kinder viele Geschwister,
- kümmerten sich die Mütter noch selbst um ihre Kinder, diese wurden nicht durch Fremde betreut,
- waren Mütter nicht berufstätig.

Alle diese Aussagen sind in der Form nicht richtig, denn genau wie heute gab es „die Familie" nicht. So erreichen erst in der heutigen Zeit mehr Ehepaare – sofern sie sich nicht scheiden lassen – ihre silberne oder goldene Hochzeit. Aufgrund der hohen Sterblichkeit waren diese Feste „früher" selten. Aufgrund von Heiratsverboten oder Armut mussten Menschen in fremden Familien z. B. als Magd oder Dienstbote arbeiten. Selbst Ehepaare konnten es sich nicht immer leisten, zusammenzuleben. Kinder wurden mancherorts mit acht Jahren in die Lehre gegeben, was bedeutete, dass sie ab diesem Zeitpunkt in einer fremden Familie lebten.
Es ist richtig, dass mehr Kinder geboren wurden, aber nur ein kleiner Teil überlebte die Kindheit. Bei sehr armen Familien und sehr wohlhabenden war es üblich, dass Ammen sich um die Kinder kümmerten.
Eine Magd konnte nicht aufhören zu arbeiten, wenn sie Kinder hatte. Berufstätige Frauen gab es auch in Zünften, in denen sie sich zusammenschlossen (vgl. Mitterauer, 1980, S. 38–63, nähere Informationen über das Zusammenleben in früheren Zeiten sind bei Barbara Beuys „Familienleben in Deutschland", 2006, zu finden).

Auch „früher" gab es also verschiedene Formen des Zusammenlebens. Ob jemand in der Stadt oder auf dem Land lebte, in einem wohlhabenden Haus geboren wurde oder als Kind von Tagelöhnern, diese und viele weitere Faktoren bestimmten, wie jemand lebte.
In den folgenden Beispielen stellen wir zwei Familien vor: Die eine lebt in der Zeit um 1900 und die zweite in der Gegenwart. Beide Familien leben unter einengenden Verhältnissen.

Beispiel: *Schilderung aus dem Leben einer Arbeiterfamilie um 1903 (Turek, 1975, S. 7–15, gekürzt):*

Familie um 1900

„Am 28. August 1898 [...] erblickte ich zum ersten Mal das Licht. Es war das Licht einer alten Petroleumlampe. Ich glaube, meine Mutter hatte zu dieser Geburt an einem Werktag keine Zeit. Auch der Umstand, dass ich nicht, wie die meisten Menschen unserer Zone, in einem Bett, sondern auf kahlen Dielenbrettern neben einer uralten Kommode geboren wurde, spricht dafür, dass meine Mutter auf das Ereignis keinen großen Wert legte. Fünf Monate früher [...] war mein Vater gestorben, und das Einzige, was er meiner Mutter hinterlassen hatte, war – ich [...]. Lange wollte sich meine Mutter durch mich nicht von ihrer Arbeit abhalten lassen, und so strich sie am Ende meiner ersten Lebenswoche [...] doch noch den Lohn für einen Arbeitstag ein [...]. Die Jahre bis zur Wiederverheiratung meiner Mutter müssen für mich sehr hart gewesen sein. Meine Mutter arbeitete; eine alte gichtkranke Frau war meine Wärterin. Unzählige Mal wurde ich der Polizei als vermisst gemeldet [...].
Mein [Stief-]Vater und meine Mutter gingen nun beide außer Haus arbeiten. Das war für mich eine herrliche Zeit. An einem Bindfaden hing um meinen Hals der Wohnungsschlüssel, und nach der Schule stob ich ins Freie [...].
In Hamburg war es nicht möglich, einen ausreichenden Verdienst zu erlangen, darum verzogen wir nach Geestemünde. Dort wohnte ein Bruder meiner Mutter. Arbeiter. Fünf Kinder [...] in einer elenden, verräucherten Küche um einen Riesentopf mit Pellkartoffeln versammelt, in der Pfanne für 10 Pfennig Speck, nach dem lukullischen Mahl alle in drei Betten verschwindend, damit das teure Petroleum nicht unnütz verbrannte. [...] Die ersten Tage wohnten wir dort, das war ein tolles Durcheinander. Kurz vor der Abreise von Hamburg war mein Bruder Hans geboren worden. [...]
In der Mainzer Straße hatte mein Vater eine Vierzimmerwohnung gemietet, nicht zu groß zum Wohnen, wohl aber zum Bezahlen. Nach drei Monaten übersiedelten wir wegen Mietschulden in die Grüne Straße. Dort ging die Heimarbeit wieder los. [...] Der Arbeitsraum war entsetzlich eng. Mein kleiner Bruder Hans saß den ganzen Tag in dem dunstigen Raum. Es war wirklich kein Wunder, dass er kurze Zeit darauf diese schäbige Welt wieder verließ [...].
Unser ‚Ernährer' tippelte nach Bremen und fand dort als Zigarrenmacher Arbeit. Die Früchte dieser ‚Existenz' langten bei uns zu Hause in Gestalt von Postanweisungen auf 3, 4, höchstens 7 Mark an. Das langte nicht, die Betten von der Pfandleihe zurückzuholen, ohne gleichzeitig dafür den größten Kohldampf einzutauschen."

Beispiel: *Zum Vergleich die Schilderung einer Familie aus der Gegenwart (vgl. Brandhorst, 2007, S. 7–9):*
Familie Konrad lebt mit ihren vier Kindern in einer Neubausiedlung in Hamburg in einem Hochhaus. Der Vater hat nach einem Hauptschulabschluss als Ungelernter gearbeitet und ist seit fünf Jahren arbeitslos. Seine Frau ist schwer krank und zu 70 Prozent behindert. Der Vater wünscht

sich für seine Kinder einen guten Schulabschluss, weil sie ohne diesen weniger Chancen haben. Der älteste Sohn (22) hat „wohl seinen Realschulabschluss geschafft". Der Vater ist sich nicht sicher: „Wir haben ihn nie danach gefragt, wir kennen uns damit ja nicht aus."
Der sechsjährige Malte ist stolz auf ein HSV-T-Shirt, das sein Bruder im Bus gefunden hat und das er an zwei Tagen in der Woche tragen darf. An den übrigen Tagen ist sein Bruder dran.
Die dreijährige Nicole läuft während des Interviews rastlos durch die Wohnung, hebt etwas hoch und sieht sich dort an, was die anderen machen. Vor dem Fernseher verbringt sie im Schnitt zwei Stunden am Tag. Die Eltern schaffen es nur selten, mit Nicole „nur so" nach draußen zu gehen. Daher ist Nicoles Erfahrungsbereich meist auf die Wohnung beschränkt. Zum nächsten Park kommen sie in 20 Minuten. Für weitere Ziele müsste die Familie den Bus oder die Bahn nehmen, das Geld, sie erhalten Hartz IV, reicht dafür selten.
Die Lehrer stellen fest, dass die Kinder dieser Familie „die Welt nicht verstehen", genauso wie viele andere Kinder, die in ähnlichen Verhältnissen aufwachsen. Wenn sie z. B. mit den Erstklässlern auf die Elbe sehen und fragen, was das sei – Bach, Fluss oder Meer –, wissen viele die Antwort nicht.

Aufgabe 1

- *Erarbeiten Sie Merkmale, mit deren Hilfe sich diese beiden Familien vergleichen lassen (z. B. die Anzahl der Familienangehörigen).*
- *Betrachten Sie einzelne Faktoren und stellen Sie begründete Vermutungen darüber an, wie diese Faktoren sich auf das Leben und die Entwicklung der Kinder auswirken können. (Zur Beantwortung dieser Frage können Sie u. a. aus dem Buch „Frühpädagogik" das erste Kapitel heranziehen.)*

Aufgabe 2

Versuchen Sie sich in die Lage der Mütter aus den beiden Beispielen zu versetzen. Wenn sie eine Betreuungsmöglichkeit zur Verfügung hätten, was würden sie wohl erwarten?

- *Mutter um 1900: „Für mein Kind brauche ich …"*
- *Mutter aus der Gegenwart: „Für mein Kind brauche ich …"*

Anhand unserer Beispiele ist unmittelbar nachvollziehbar, dass eine Kleinstkinderbetreuung die Familie entlastet und für die Kinder wichtig ist. Art und Ausmaß der Unterstützung können dabei sehr unterschiedlich sein – je nach gesellschaftlicher und persönlicher Situation. Stellen Sie sich nun folgende Situation vor:

Beispiel: *Sie kommen mit einer werdenden Mutter ins Gespräch. Diese erzählt Ihnen, dass sie am Stadtrand in einem Haus mit Garten wohnt. Sie möchte eine „Babypause" machen, um sich ganz um ihr Kind kümmern zu können. Auf der anderen Seite möchte sie möglichst bald wieder an ihren Arbeitsplatz zurückkehren. „Ich möchte auch wieder an dem Leben außerhalb meiner kleinen Familie teilhaben. Aber ist das nicht sehr egoistisch?"*

Aufgabe 3

- *Wie beantworten Sie die Frage der Mutter?*
- *Sammeln Sie dazu in Ihrer Arbeitsgruppe Argumente und führen Sie das Gespräch in Form eines Rollenspiels.*

Mit der Veränderung von Familien und ihrer Lebenswelt haben sich auch die Erwartungen an die Personen verändert, die die Kinder betreuen. Äußeres Zeichen der Veränderung dieses Berufs ist die Berufsbezeichnung: von der Kinderwärterin über die Kinderpflegerin zur sozialpädagogischen Assistentin und zur Erzieherin.

Kinderbetreuung früher: Ausfahrt

Aufgabe 4

Wie sehen Sie selbst Ihre Aufgaben heute?
Beziehen Sie in Ihre Überlegungen folgende Materialien mit ein:

- *die Bildungspläne für die Ausbildung zur Erzieherin*
- *Ihre Arbeitsergebnisse zu den oben aufgeführten Beispielen*
- *die Bildungsempfehlungen Ihres Bundeslandes für die Arbeit in Kitas*
- *Kapitel 2.3.1 im Lehrbuch*

Aufgabe 5

Eine Ihrer wesentlichen Aufgaben ist es, die Lebenswelt der Kinder zu berücksichtigen, die Ihnen anvertraut sind. Wenn Sie Erzieherin von Nicole wären, dem Kind aus unserem Beispiel aus der Gegenwart, auf welche Aspekte ihrer Lebenswelt würden Sie in Ihrer Arbeit eingehen wollen? In welcher Form würden Sie das tun?

1.1.2 Inklusion verwirklichen

Im Unterschied zur „Integration" von Kindern mit besonderen Rechten und Bedürfnissen bedeutet Inklusion das Einbeziehen der Vielfalt in die pädagogische Arbeit von Anfang an. Verschiedenheit anzuerkennen bedeutet, dass wir jedem Kind und jedem Erwachsenen in der Einrichtung die gleichen Rechte auf Respekt für seine persönliche Identität, angemessene Lernanregungen und Möglichkeiten zur sozialen und materiellen Beteiligung am Geschehen in der Gruppe zusichern. *„Verschiedenheit ist Alltag und birgt für jeden viele Lernchancen"* ist ein Leitgedanke dieses Buches, das Diversität und Heterogenität als Ausgangspunkte einer Pädagogik der Vielfalt betrachtet. Einbeziehen der Vielfalt heißt nicht: Das Kind der Einrichtung anpassen, sondern: die Einrichtung anpassen an unterschiedliche Bedürfnisse und Stärken von Kindern – unabhängig vom Geschlecht, Entwicklungsstand, der Schicht- und Milieuzugehörigkeit eines Kindes und der religiösen, ethnischen und kulturellen Ausrichtung seiner Familie.

Aufgabe 6

Zeichnen Sie auf ein DIN-A2- Blatt ein Bild von sich selbst. Sie können ein Strichmännchen oder auch eine naturgetreue Zeichnung anfertigen.

- *Schreiben Sie mit roter Farbe neben jeden Körperteil, was dieses „kann", wo seine Stärken liegen.*
- *Wie geht es Ihnen dabei? Wie leicht fällt es Ihnen, eigene Stärken zu benennen?*

Aufgabe 7

Nehmen Sie einen Block und Stift zur Hand. Stecken Sie sich einen Lolli oder eine Pflaume in den Mund. Suchen Sie sich eine/n Partner/-in. Beide Partner stellen sich so weit voneinander auf wie irgend möglich.

- *Erzählen Sie Ihrer Partnerin/Ihrem Partner von Ihrem gestrigen Tagesablauf. Erzählen Sie jeweils nur einen Satz: Der/die Partner/-in soll diesen dann wiederholen, bevor er/sie einen eigenen Satz formuliert, den Sie dann wiederholen.*
- *Schreiben Sie auf, was Sie verstanden haben.*
- *In der anschließenden Reflexionsrunde in Sechser-Gruppen erörtern Sie bitte folgende Fragen: Was habe ich verstanden? Was war schwierig? Wo hätte ich welche Unterstützung gebraucht?*

Aufgabe 8

Malen oder kleben Sie ein farbiges soziogrammähnliches Bild von der Kindergruppe in Ihrer Praxiseinrichtung. Sie können für jedes Kind eine andere Form und Farbe nehmen. Es eignen sich auch Sticker oder Farbpunkte.

- *Verbinden Sie die einzelnen Formen durch gestrichelte oder durchgezogene Linien miteinander. Welche Kinder haben zu wem eine enge oder eine weniger enge Beziehung aufgebaut?*
- *Wer steht eher außerhalb, wer in der Mitte des Geschehens? Woran ist das zu erkennen? Was brauchen die Kinder, die eher außerhalb stehen?*

Aufgabe 9

„Integration" und „Inklusion": Wo sehen Sie Unterschiede, wo gibt es Gemeinsamkeiten? Bitte zeichnen Sie eine Vergleichstabelle und tragen Sie die Unterschiede ein, die Sie in Ihrer Lerngruppe gesammelt haben. Informationen dazu stehen auch im Lehrbuch auf den Seiten 17 bis 24.

- *Im Bundesdurchschnitt beträgt der Anteil an Familien mit Migrationshintergrund etwa 20 %. Trifft dies für Ihre Praxis-Kita auch zu? Wie sind Abweichungen zu erklären?*
- *Wie viele Kinder mit besonderem Förderbedarf aufgrund anderer Muttersprache sind in Ihrer Gruppe? Wie gehen die Pädagoginnen und Pädagogen darauf ein?*
- *Gibt es Kinder mit Entwicklungseinschränkungen in Ihrer Gruppe? Wie hat die Einrichtung sich auf ihre besonderen Bedürfnisse eingestellt (z. B. durch den Abbau von Barrieren)?*
- *Fertigen Sie eine Wandzeitung an. Nutzen sie dafür grafische Elemente oder schneiden Sie Bilder aus Illustrierten aus. Beschriften Sie die Bilder: Welche Rolle spielen Musiktherapie,*

Psychomotorik, Physiotherapie, Logopädie und Ergotherapie für ALLE KINDER im Alltag Ihrer Praxiseinrichtung? Wie sieht die Zusammenarbeit mit Frühförderstellen aus? Gibt es in Ihrer Einrichtung ein interdisziplinäres Team, dessen Arbeit allen Kindern zugute kommt?

1.1.3 Das Geschlecht der Kinder berücksichtigen

In den Siebzigerjahren des vorigen Jahrhunderts begann man die geschlechtsspezifische Erziehung zu hinterfragen, also eine Erziehung, die Jungen und Mädchen auf bestimmte Rollenerwartungen hin mehr oder weniger festlegte. Aussagen wie „Ein Junge weint doch nicht!" oder „Was? Du bist ein Mädchen? Und hast dich so schmutzig gemacht?" werden seitdem nicht mehr so selbstverständlich und unhinterfragt ausgesprochen. Dazu haben Bücher wie das von Ursula Scheu „Wir werden nicht als Mädchen geboren – wir werden dazu gemacht" (1977) beigetragen. Nachdem zunächst die Einschränkungen für Mädchen im Fokus standen, lenkten Bücher wie „Kleine Helden in Not. Jungen auf der Suche nach Männlichkeit" (Schnack/Neutzling, 1990) den Blick auf die Schwierigkeiten, denen Jungen bei einer geschlechtstypischen Erziehung begegnen.
Bis dahin wurde eine Erziehung, die deutlich nach Jungen und Mädchen unterschied, als selbstverständlich richtig angenommen. Die Begründung war, dass Jungen und Mädchen „von Natur aus" verschieden sind, typischerweise unterschiedliche Verhaltensweisen aufweisen und daher auch nicht „gleich" erzogen werden können. Ab Ende der Sechzigerjahre wurde dann von vielen Forschern die Meinung vertreten, die feststellbaren Unterschiede im Verhalten seien auf die geschlechtsspezifische Erziehung zurückzuführen und könnten abgebaut werden, wenn Mädchen und Jungen nicht mehr unterschiedlich behandelt würden.
Seit Beginn dieses Jahrhunderts schlägt das Pendel wieder zurück: Ergebnisse der Gehirnforschung werden als Beleg für angeborene Verhaltensunterschiede herangezogen (siehe z. B.: „Das weibliche Gehirn. Warum Frauen anders sind als Männer", Brizendine, 2007).
Wir sind der Meinung, dass angeborene und aus der Umwelt kommende Einflüsse optimal aufeinander bezogen sein sollten, unabhängig davon, welcher Einfluss überwiegt. Das bedeutet, nicht geschlechtsspezifisch zu erziehen, sondern „geschlechtssensibel". Damit ist gemeint, dass jeder in der Erziehung Tätige sensibel darauf achten sollte, dass die individuellen Fähigkeiten der Kinder berücksichtigt und gefördert werden, unabhängig von ihrem Geschlecht.

Beispiel: *Wenn ein kleines Mädchen eine Beschäftigung sucht, weisen wir es nicht automatisch auf die Puppenecke hin und einem kleinen Jungen zeigen wir nicht sofort die Autos.*
Wir finden es nicht selbstverständlich, dass Marc auf der zweiten Raumebene herumturnt und drei kleine Mädchen unten sitzen und ihm zusehen.
Manche Erwachsene neigen beim Schreien eines männlichen Kleinkindes dazu, das mit einem Satz wie „Der wird mal durchsetzungsfähig!" zu kommentieren. Bei einem weiblichen Kleinkind hört man in derselben Situation hingegen: „Die ist aggressiv!"

Vielleicht haben Sie zunächst gedacht, dieses Thema ist erst für ältere Kinder wichtig. Aber Erwachsene machen schon früh Unterschiede zwischen Kindern unterschiedlichen Geschlechts. Selbst die Erwartungen an das ungeborene Kind beeinflussen sein späteres Selbstkonzept (vgl. Hüther/Krens, 2007, S. 79–94).

Aufgabe 10

Die weiteren Übungen sollen Ihren Blick für Einflüsse schärfen, die Kinder möglicherweise in typische Rollen drängen.

- *Sehen Sie sich auf einem Spielplatz oder in einer Praxisstelle um und sammeln Sie Beobachtungen von Situationen, in denen mit Kleinkindern geschlechtstypisch umgegangen wird.*

- *Sehen Sie sich die Bilderbücher in einer Kleinstkindereinrichtung an. Wie werden dort Mädchen und Jungen, Frauen und Männer dargestellt? Womit sind sie in den Büchern beschäftigt? Welche Eigenschaften haben sie?*
- *Sehen Sie sich jetzt einmal die Räumlichkeiten an. Sind sie geschlechtsneutral eingerichtet? Werden bestimmte Farben bevorzugt? Gibt es Räume oder Ecken, in denen vorwiegend Mädchen oder vorwiegend Jungen sind? Wodurch unterscheiden sie sich?*

Die Ausstattung von Räumen und Spielangebote sind verhältnismäßig leicht zu überprüfen. Wesentlich schwieriger ist es, unseren unbewussten Haltungen auf die Spur zu kommen. So arbeiten Erzieherinnen gerne im Sitzen am Tisch. Entsprechend sind viele Einrichtungen ausgestattet. Dem stärkeren Bewegungsdrang mancher Kinder, häufig Jungen, wird dabei zu wenig Rechnung getragen, während die kleinen Mädchen sich oft ihrem Vorbild, der Erzieherin, anpassen.

Aufgabe 11

Versuchen Sie einmal, Ihren Einstellungen bewusster auf die Spur zu kommen, indem Sie folgende Überlegungen anstellen:
Sie haben die Aufgabe, sechs Kinder aus Ihrer Gruppe näher zu beschreiben.
Notieren Sie die Namen und einige Stichworte zur Beschreibung.
Gehen Sie nun Ihre Notizen durch und versuchen Sie, folgende Fragen zu beantworten:

- *Haben Sie Mädchen oder Jungen gewählt?*
- *Was war Ihnen aufgefallen, sodass Sie es in Ihre Beschreibung aufgenommen haben?*
- *Unterscheiden sich Ihre Beschreibungen der Jungen und Mädchen?*

Aufgabe 12

Wir haben erläutert, dass wir es wichtig finden, dass die Angebote und Möglichkeiten für die Kleinsten sich nach deren individuellen Fähigkeiten, Bedürfnissen und Interessen richten und nicht nach ihrem Geschlecht.
Wie ist Ihre Einstellung dazu? Sind Sie eher der Meinung, dass Mädchen und Jungen so unterschiedlich sind, dass sie teilweise unterschiedliche Angebote brauchen und verschieden behandelt werden sollten? Welche Ziele verfolgen Sie dann mit Ihrer Beeinflussung?
Versuchen Sie, in Ihrem Team zu einer abgestimmten Haltung zu kommen.

Beispiel: *Sie sind als Gruppenleiterin in einer Elterninitiative angestellt worden. Es handelt sich um eine offene Einrichtung für Kinder von 0 bis 6 Jahren. Sie arbeiten dort jetzt seit einem Vierteljahr und haben Folgendes festgestellt:*
Die Mädchen spielen fast nur in der Puppenecke, die Jungen auf dem Bauteppich und in der Werkstatt. Bei hauswirtschaftlichen Angeboten nehmen fast nur Mädchen teil. Sie decken z. B. den Tisch, obwohl die Erzieherinnen nicht nur Mädchen auffordern. Für die Jungen gibt es blaues Bettzeug und blaue Turnbeutel, für die Mädchen das Entsprechende in Rosa. Die Kästen für Wickelutensilien sind blau und rot.

Aufgabe 13

Diese Unterscheidungen stören Sie und Sie regen eine Teambesprechung zu diesem Thema an. Sie wollen sich vorbereiten und machen sich Gedanken anhand der unten stehenden „U-Prozedur" (vgl. Rabenstein/Reichel/Thanhoffer, 2004, S. 2.A 71). Bei dieser Analyse geht man in einzelnen Schritten vor:

1. *Wie sieht die Situation im Moment aus? Wie verhalte ich mich?*

2. *Welche Rolle nehme ich ein (z. B. „Ich sitze meist ruhig am Tisch")? Welche Rollen oder Aufgaben übernehmen die anderen oder werden ihnen zugewiesen (z. B. „Die Holzwerkstatt kann der männliche Erzieher betreuen")?*
3. *Warum verhalte ich mich so?*
4. *Entspricht dieses Verhalten meinem heutigen Denken?*
5. *Wie möchte ich mich in Zukunft verhalten?*
6. *Wie verändert sich dann meine Rolle und die der anderen?*
7. *Welche Konsequenzen ergeben sich aus den Überlegungen für mein konkretes Handeln in der Ausgangssituation?*

Die Überlegungen zu den Punkten zwei und sechs sind besonders dann wichtig, wenn die Auseinandersetzung im Rahmen eines Teams oder einer Organisation stattfindet.

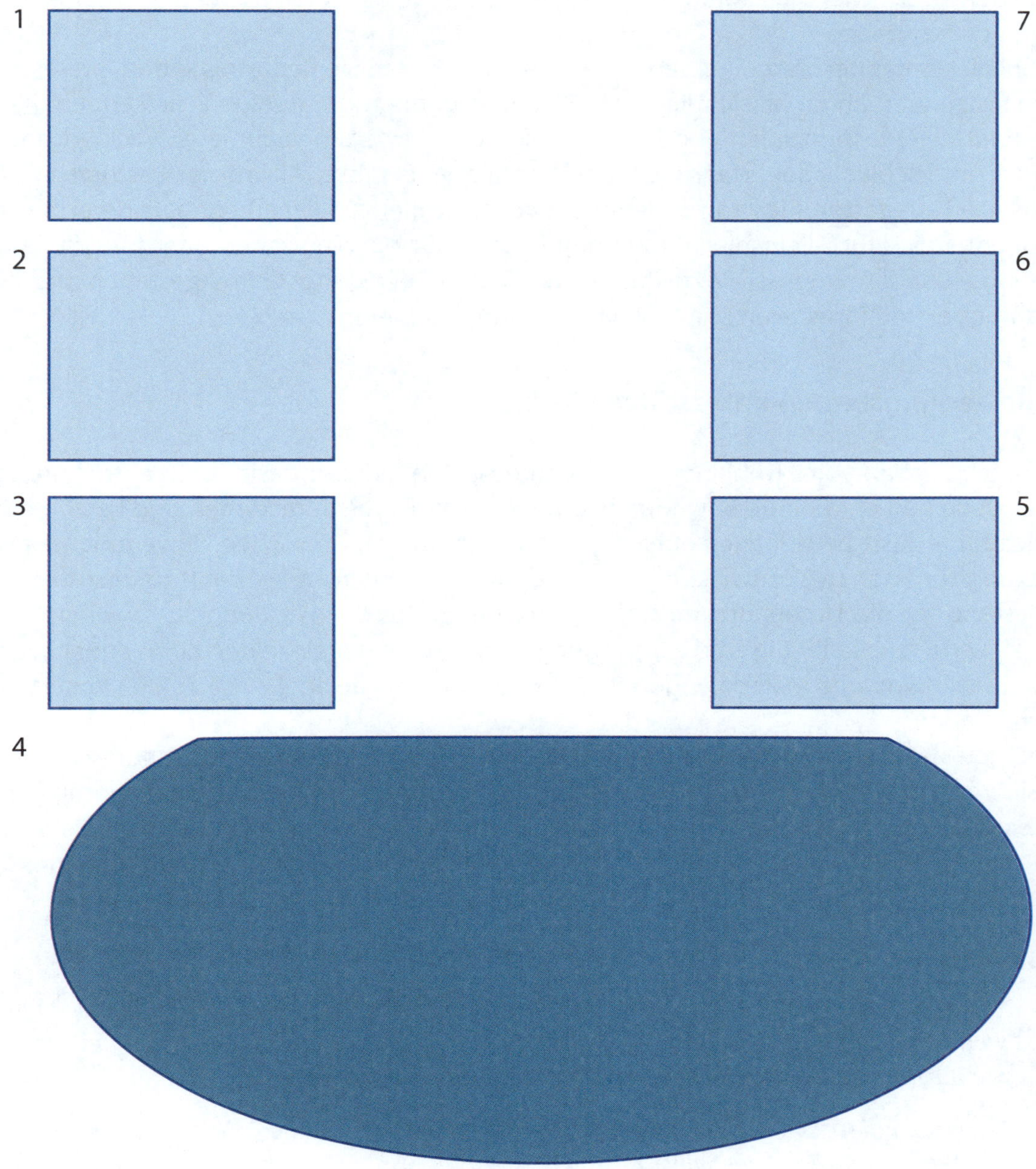

„U-Prozedur"

1.2 Eine anregungsreiche Entwicklungsumgebung schaffen

Die unmittelbare Lebensumwelt eines Kleinstkindes entscheidet darüber, was es wahrnimmt, welche Fragen sich ihm stellen, was es erforschen kann und will. Indem Kinder sich Räume und die Dinge in ihnen „erobern", erschließen sie sich die Welt. Die Aufgabe von Pädagoginnen ist es, ihnen Räume zur Verfügung zu stellen, die sich zu erforschen lohnen, weil sie die Selbstbildungspotenziale der Kinder anregen. Allein oder zusammen – je nach ihren jeweiligen (emotionalen und Lern- und Erfahrungs-) Bedürfnissen erfahren Kinder in angemessen gestalteten Räumen Geborgenheit, Umhüllung, Nestwärme, emotionale Sicherheit. Sie gewinnen Orientierungssicherheit in Zeit und Raum, setzen sich mit angemessenen Herausforderungen und Zumutungen auseinander. Räume in der Kita sind ein Ort für Lebensfreude und Wohlgefühl, Neugier, Faszination und Staunen. Sie vermindern Angst, Distanz, Stress und Druck, weil sie angemessene Möglichkeiten bieten, Spannungen auszuagieren. Sie geben jedem Kind passgenaue Entwicklungschancen und eröffnen eine Fülle von Möglichkeiten, um Interessen zu entwickeln und Pläne zu machen. Durch ihre Aufteilung in vertikale und horizontale Räume ermöglichen sie Perspektivenwechsel und Widerstände mit angemessenem Schwierigkeitsgrad. Sie geben vielfältige Gelegenheiten, Selbstwirksamkeit durch Partizipation zu erleben.

Wenn Sie dieses Kapitel erarbeitet haben, kennen und nutzen Sie Bedürfnisse und Interessen von Kindern bis zu drei Jahren hinsichtlich ihrer Raumaneignung und -nutzung. Sie kennen die wichtigsten Raumteilungsprinzipien und können Spiel- und Bewegungsräume entwicklungsrelevant für Kinder unterschiedlicher Erfahrungs- und Kontaktbedürfnisse (Alleinspiel, Partnerspiel, Gruppenspiel u. Ä.) ausstatten. Sie kennen Raumteilungsprinzipien für klar erkennbare Bereiche: Innen- und Außenbereich für Alleinspiel, Ruhe und Rückzug, für die Mahlzeiten oder für großräumige, bewegungs- und lärmintensive Aktivitäten. Sie können Bewegungsräume gestalten und Räume für Erfahrungen mit formbaren Materialien und Farben anbieten.

1.2.1 Bewegungslernen unterstützen

Bewegung ist Leben. Alles frühkindliche Lernen geschieht auf der Basis von Wahrnehmung und Handeln. Jede neu erarbeitete Bewegungsform vom Aufrichten zum Stehen und Laufen eröffnet neue Horizonte, lässt neue Fragen entstehen und nach Antworten suchen. Bewegung ist eine Voraussetzung für kognitive Entwicklung. Die nächsten Seiten sollen Sie darin unterstützen, Ihren Ideenbestand für die Unterstützung der psychomotorischen Entwicklung zu erweitern und Ihr Wissen zu vertiefen, damit Sie an die Bewegungsbedürfnisse der einzelnen Kinder mit einem entsprechenden Raum- und Materialangebot und einem breiten, flexibel einsetzbaren Repertoire anknüpfen können.

Wir möchten Sie im ersten Schritt dazu ermutigen, sich an eigene Bewegungserlebnisse der ersten Lebensjahre zu erinnern, sich noch einmal hineinzuversetzen und dann Ihre Erkenntnisse in Ihre Arbeit einfließen zu lassen. Als Erstes bitten wir Sie, sich entspannt zurückzulehnen, die Augen zu schließen und beide Füße fest auf den Boden zu stellen. Im Folgenden werden wir Sie mit du ansprechen, damit es Ihnen leichter fällt, sich an Ihre eigenen frühen Jahre zurückzuerinnern.

Aufgabe 14

- *Versuche jetzt, so weit wie möglich in deine frühe Kindheit zurückzublicken und dir eine Bewegungserfahrung zu vergegenwärtigen, an die du dich gerne erinnerst oder bei der du mit Freude und Spannung vielleicht etwas ganz Neues ausprobiert hast.*

  Denke an diese Situation zurück. Wo siehst du dich gerade? ... Wie alt bist du ungefähr? ... Was tust du? ... Was willst du tun? ... Wie sieht die Umgebung aus? ... Bist du allein? ... Oder ist noch jemand da? ... Wie wirkt der oder die auf dich ein? ... Was siehst, hörst und fühlst du? ... Was fordert dich heraus? ... Mit welchen Schwierigkeiten setzt du dich gerade auseinander? ... Gelingt dir das? ... Wie geht es dir dabei? ... Was gelingt dir nicht? ... Wie hilfst du dir selbst? ... Was würdest du jetzt brauchen, um dein Ziel noch besser zu erreichen?

- *Öffnen Sie jetzt die Augen, recken und strecken Sie sich und kommen Sie wieder an Ihren Platz zurück.*
- *Machen Sie sich stichwortartige Notizen zu den Punkten, die Ihnen noch in Erinnerung geblieben sind, z. B. was ist mir gelungen, was hat mich begeistert oder aufgeregt, mit welchen Körperempfindungen hatte ich Schwierigkeiten, wie habe ich sie überwunden?*
- *Wenn Sie diese Übung in Ihrer Lerngruppe gemacht haben, listen Sie jetzt bitte auf einer Moderationswand die Stichworte zu einzelnen Punkten auf. Als Hilfe soll Ihnen die folgende Tabelle dienen:*

Was habe ich erlebt?	Wo habe ich es erlebt?	Warum ist die Erinnerung für mich so wichtig?	Welche Unterstützung hatte ich?

Mit dieser Sammlung haben Sie eine erste Grundlage, mit der Sie die Umgebung, die Bedingungen, die Ausstattung und Möglichkeiten für eine optimale Begleitung und Unterstützung frühkindlicher Bewegungserfahrungen planen und verwirklichen können.

Die zweite Grundlage liefert uns das **Konzept der gespürten Interaktion**, das die Schweizer Psychologin, Ärztin und Schülerin Piagets Félicie Affolter ursprünglich für die therapeutische Arbeit mit Kindern mit Schwierigkeiten in der Verarbeitung von Sinnesempfindungen entwickelt hat. Es ist jedoch auch sehr hilfreich für die pädagogische Arbeit mit Kindern bis zu drei Jahren. Affolter (1991, S. 17–84) beschreibt Lernen als aktive Veränderung, hauptsächlich basierend auf den durch die Raum-Lage-Sinne gewonnenen Erfahrungen, auf deren Grundlage alle anderen Wahrnehmungen wie Hören, Sehen, Riechen, Schmecken und Tasten erst bedeutsam werden. Eine wichtige Rolle spielt in ihrem Modell die aktive Auseinandersetzung mit *Widerstand als wichtigstem Motor des Lernens.*

> ***„Ich bewege mich so lange, bis ich einen Widerstand spüre, der meinen Bewegungen entgegensteht. Ich erhalte den Eindruck, etwas zu berühren. Wir sprechen von Kon-takt (‚Mit-Spüren'). Indem ich berühre, stoße ich auf Widerstand. Dieser Widerstand ist die Grundlage der Erkenntnis."** (Affolter, 1991, S. 19)*

Die Erfahrung des aktiven und passiven Spürens ist nach Affolter die verlässliche Größe, die Kindern im ersten und zweiten Lebensjahr Halt und Orientierung vermittelt. Sie ist deshalb eine wichtige Größe bei der Planung von Räumen und Außengelände im U3-Bereich.

Affolter unterscheidet vier wichtige Erfahrungsbereiche:

1. *Die Wahrnehmung der „stabilen Unterlage": Zum Beispiel spürt das Kind beim Liegen, Aufstützen, Balancieren die Festigkeit des Untergrundes, es fühlt sich sicher getragen. Gleichzeitig kann es durch aktive Veränderung der eigenen Bewegungen das „Widerstandsgefühl" aktiv verändern, indem es die „Schnittstellen" mit dem Boden verkleinert und sich fortbewegt.*
2. *Der Wechsel von „Stabilität" und „Instabilität" beim Berühren und Loslassen der stabilen Unterlage: Jeder Schritt enthält eine Phase der Instabilität, nämlich dann, wenn ein Fuß für den nächsten Schritt hochgehoben wird. Das Gleiche gilt für das erste Heben des Kopfes, des Oberkörpers, für das Krabbeln und für das Treppensteigen.*
3. *Die Wahrnehmung der „stabilen Seite" beim Hochziehen an Gegenständen, beim Anlehnen, beim Dagegenstemmen: Das Kind spürt gleichzeitig Unterstützung und Halt. Nach kurzer Zeit setzt es Eigenbewegungen ein, zum Beispiel das Dagegen-Drücken, um die Wahrnehmung des Gehaltenwerdens aktiv zu variieren. Das Gleiche gilt für*
4. *das Gefühl des „Umschlossen-Seins" im Arm eines Erwachsenen, im Körbchen, in einer Ecke, in einem Spielfass. Das Kind dreht und wendet sich, stemmt sich gegen die Seitenwände und springt schließlich heraus, um der Enge zu entkommen.*

Dazu haben wir hier wieder einige interessante Selbstversuche, die Ihnen helfen, sich in die Körperempfindungen und Erlebensweisen sehr junger Kinder hineinzuversetzen:

Aufgabe 15

- *Bitte legen Sie sich mit ausgestreckten Armen und Beinen auf den Fußboden. Nehmen Sie bewusst die „Schnittstellen" Ihres Körpers mit der stabilen Unterlage wahr. (Das sind die Teile Ihres Körpers, die fest aufliegen.) Vergleichen Sie den Druck, mit dem Füße, Unter- und Oberschenkel, Becken, Wirbelsäule, Schultern, Hals und Hinterkopf den Boden berühren. Halten Sie diese Position fünf Minuten lang. Welche Körperempfindungen registrieren Sie? Was möchten Sie jetzt tun?*
- *Verändern Sie bewusst, langsam und systematisch die Schnittstellen zur stabilen Unterlage. Der Widerstand, den Sie bei Berührung spüren und durch Berührung erzeugen, ändert sich, wenn Sie Ihre Bewegungen z. B. durch Heben des Kopfes, eines Armes, beider Beine, des Beckens oder des Oberkörpers verändern.*
- *Testen Sie jetzt die „stabile Seite". Wählen Sie dazu einen möglichst gleich großen Partner, stellen Sie sich mit Blickkontakt gegenüber und drücken Sie die Handflächen gegeneinander.*
- *Was tun Sie, um größtmöglichen Widerstand zu erfahren? Wie verändern Sie dabei Ihre Körperhaltung?*
- *Welche Art von Widerstand ist Ihnen angenehm? Welche unangenehm?*
- *Was tun Sie, wenn der Widerstand zu stark ist und Sie keine Chance dagegen haben?*

Widerstandserfahrungen werden im Gehirn geordnet, gespeichert und verdichten sich zu Vorstellungen über Dichte, Konsistenz und Beschaffenheit der Objekte in der umgebenden Welt. So geht beispielsweise die Erfahrung des Umfasstwerdens in die Erfahrung des Umfassens, Nehmens und Ergreifens über, verbunden mit gustatorischen, olfaktorischen und auditiven Qualitäten der ergriffenen Objekte. Die auf diese Weise entstehenden Wissensbestände werden unmittelbar Anlass neuer Handlungen und Interessen.

„Umwelt ist noch nicht Wirklichkeit. Damit die Umwelt zur Wirklichkeit wird, muss ich mich mit Ursachen und Wirkungen auseinandersetzen. Wie wirkt die Umwelt auf mich, wie wirke ich auf die Umwelt? Wie wirken die Teile der Umwelt aufeinander, seien es Dinge oder Personen? Erst das Wissen über solches Wirken innerhalb meiner Umwelt einerseits und zwischen der Umwelt und mir andererseits lässt mir die Umwelt zur Wirklichkeit werden." (Affolter, 1991, S.18)

Dass sich durch das Ausüben von Druck, also eigene Bewegung, die Dinge in Bewegung setzen lassen, und dass sich durch Loslassen ihre Beziehung zum Selbst verändert, leitet also zu neuen, grundlegenden Erkenntnissen über: der Beschaffenheit von Dingen in der Welt, von Zuständen des Getrennt- und Zusammenseins. Über aktives Wiederholen erwirbt das Kind Wissen von Regelhaftigkeit und kausalen Zusammenhängen, die es mit zunehmendem Alter laufend überprüft und erweitert.

Aufgabe 16

- *Beobachten Sie Babys beim Hantieren mit Gegenständen. Welche Erfahrungen machen sie mit Widerstand, z. B.*
  - *beim Schlagen auf den Tisch mit einem Klotz, einem Holzauto, einer Brotrinde, einer Bananenschale, einem Gummientchen,*
  - *beim Schälen einer Kastanie, eines Apfels, einer Banane,*
  - *beim Ausforschen von Kleister, Knetwachs, Rasierschaum, Wasser?*
- *Wie gehen die Kinder mit dem Material um?*
- *Wie unterscheiden sich die Tätigkeiten der Kinder beim Hantieren mit festen und weichen Materialien?*

Im Mittelpunkt des Affolter-Modells steht die Erkenntnis, dass Entwicklung als „gespürte Interaktion zwischen Kind und Umwelt in Form problemlösender Geschehnisse stattfindet: Hier ist etwas anderes als ich, hier ist ‚die Welt', und somit: hier bin ich!" (Affolter, 1991, S.19)

Aufgabe 17

1. *Die Bewältigung von Alltagsaufgaben gibt einem Kind besonders viele unterschiedliche Gelegenheiten, Probleme über Bewegungshandeln zu lösen. Das können Sie an sich selbst mit folgenden Versuchen testen. Führen Sie langsam und bewusst einige komplexe Tätigkeitsabfolgen durch und achten Sie auf den Widerstand, der sich Ihren Händen entgegensetzt, z. B. beim*
   - *Schälen und Zerkleinern einer Nuss,*
   - *Zusammennageln von zwei Brettern,*
   - *Auspressen einer Zitrone,*
   - *Flechten von drei Wollsträngen zu einem Zopf,*
   - *Herstellen eines Männchens aus Wattebäuschen.*
2. *An welchen Stellen nehmen Sie was wahr? An welchen Stellen denken Sie vielleicht:*
   - *Ich habe erfolgreich Widerstand bewältigt.*
   - *Ich fühle mich kompetent. („Das kann ich!")*
   - *Ich habe etwas gelernt.*
   - *Das kann ich nicht.*

3. *Wenn Sie das Vorangegangene noch einmal genauer betrachten: Woran könnte es liegen, dass*

- *ein Kind ein anderes ständig so heftig umarmt, wenn es ihm seine Freundschaft zeigen will, dass dieses die Flucht ergreift,*
- *Kinder mit sechs Jahren noch keinen Kreis auf der Linie ausschneiden können,*
- *ein Kind sich immer weigert, bei Bewegungsspielen mitzumachen,*
- *Johanna am liebsten im Spielfass sitzend am Geschehen der Kindergruppe teilnimmt (sie guckt nur mit dem Kopf oben heraus),*
- *Jan morgens unabsichtlich alle seinen Weg kreuzenden Kinder anrempelt und gebaute Türme umwirft, wenn er voller Freude in den Gruppenraum stürmt,*
- *Tina beim Fingerfarben-Malen grundsätzlich sagt: Das kann ich nicht?*

Aufgabe 18

Nachdem Sie an sich selbst die Bedeutung von Bewegungserfahrungen für das Lernen erfahren haben, überprüfen Sie die Bewegungsmöglichkeiten für Kleinstkinder an unterschiedlichen Orten in Ihrer Praxisstelle. Nehmen Sie anschließend eine Bewertung vor. Die Spalte (+) sollte stark überwiegen.

Orte	Möglichkeiten	–	+ –	+
Außengelände				
Gruppenraum: Fußboden				
Gruppenraum: niedrige Ebene				
Gruppenraum: mittlere Ebene				
Gruppenraum: obere Ebene				
Waschraum				
Speisezimmer				
Pflegebereich				
Atelier				
Flur				
Eingangshalle				
Bewegungsraum				

1.2.2 Bewegungsräume einrichten

In Kapitel 2.4.1 des Lehrbuchs erfahren Sie, warum Bewegung ein zentrales Entwicklungselement für die Ausbildung des Gehirns, für Selbstbewusstsein, Selbstvertrauen, Lernen, Denken und die Entfaltung von Geschicklichkeit, Ausdauer, Stehvermögen, Konzentrationsfähigkeit und Ausdrucksvielfalt ist.

Elfriede Hengstenberg (1892–1992) (vgl. Traxler, 2009, S. 61–73) entwickelte in ihrer Arbeit als Bewegungspädagogin in den 1930er-Jahren aus ihren Beobachtungen zur frühkindlichen Bewegungsentwicklung in Zusammenarbeit mit der Physiotherapeutin Elsa Gindler (1885–1961) und dem Musikpädagogen Heinrich Jacoby (1889–1964) ein Konzept, das auch heute noch Gültigkeit hat, wenn wir Kindern von Anfang an das eigenständige Erkennen der eigenen Bewegungsmöglichkeiten in Beziehung zu Raum- und Körpergrenzen ermöglichen wollen. Ihre theoretischen Ausführungen wurden ergänzt durch eine Gerätesammlung mit Problemstellungen sowie Versuchs- und Experimentiermöglichkeiten, die schon kleine Kinder faszinieren und herausfordern. Entsprechend ihrem Entwicklungsstand und -tempo können sie nahezu alle Bewegungsabfolgen eigenständig ausprobieren, bewältigen, variieren und wiederholend üben. Dazu gehören Balancier- und Klettergeräte und -stangen, Schaukelbretter, Hühner- und Stehleitern, Rutsch- und Kippelbretter, Hocker und Verbindungsteile. Elfriede Hengstenbergs Arbeiten haben auch heute noch besonders dann Gültigkeit, wenn wir uns mit dem Raumkonzept in der Kita befassen. Denn auch hier geht es darum, Kindern Möglichkeiten zu schaffen, mit denen sie ohne vorgefertigte Programme oder Bewegungsschulungen auch drinnen Bewegungsbedürfnisse erfüllen und ihr Potenzial entfalten können.

Wahrscheinlich steht Ihnen das Hengstenberg-Geräte-Programm nicht zur Verfügung. Um sich in das Thema anschaulich einzuarbeiten, können Sie sich und Ihrer Lerngruppe einen Bewegungsparcours in der Turnhalle aufbauen, der den gleichen Zweck erfüllt. Er sollte folgende Aufgabenstellungen enthalten:

- die Sprossenwand bis ganz oben hochklettern
- über einen hohen Kasten klettern (höchste Stufe, kleiner Hocker als Kletterhilfe)
- über drei Hindernisse hinwegsteigen
- unter einer Hockerserie durchkriechen
- sich an einer über zwei Stehleitern quer gelegten Sprossenleiter entlanghangeln
- am Knotenseil schaukeln
- in der Sackschaukel schaukeln
- auf dem Schwebebalken balancieren
- sich zwischen zwei Turnmatten legen, die von oben beschwert sind
- eine lange, schräge Ebene erklimmen, die von der hohen Sprossenwand herabführt
- einen schweren Kasten verschieben
- einen Medizinball mit einer Hand über eine Strecke von zehn Metern tragen

Aufgabe 19

Erproben Sie nacheinander alle Geräte im Zeitlupentempo. Beobachten Sie dabei sich selbst und Ihre Reaktion auf die jeweiligen Anforderungen der Parcoursstationen.

1. *Was hat Freude gemacht und Spannung erzeugt? Was war langweilig oder ermüdend?*
2. *Wo fühlten Sie sich herausgefordert? Wie sind Sie damit umgegangen?*
3. *Was hätten Sie in einer Über- oder Unterforderungssituation gebraucht?*
4. *Notieren Sie sich, welche Ideen Ihnen beim Durcharbeiten des Parcours für Ihre Kitapraxisräume gekommen sind.*
5. *Erstellen Sie eine Übersicht mit der Überschrift: „Was wir in unserer Praxisstelle verändern könnten." Ordnen Sie Ihre Ideen z. B. folgenden Kategorien zu: Krabbeln, Sich-Hochziehen, Steigen, Klettern, Schaukeln, Hüpfen usw.*

***Beispiel:** Die Kita „Kleine Forscher" ist eine kleine Einrichtung, in der zwei Ganztagsgruppen für Kinder von 3 bis 14 Jahren und zwei Elementargruppen für Kinder von 3 bis 6 Jahren Platz finden. Sie wurde in den 1960er-Jahren gebaut und liegt in einem dicht besiedelten Stadtgebiet, in dem es vorwiegend Hochhausbebauung und wenige ein- bis zweigeschossige Wohnhäuser gibt. „Unsere Kinder können schon mit einem Jahr den Fahrstuhl betätigen, wenn Papa und Mama sie auf den Arm nehmen", berichtet die Erzieherin Anne lachend. In der Nähe der Kita gibt es keine Parks, sie ist umgeben von stark befahrenen Straßen. „Wir müssen für unsere Kinder alles bieten, was der Stadtteil nicht hergibt", erläutert Anne. Insbesondere an Bewegungsmöglichkeiten fehle es schon den Kleinsten. „Wir freuen uns auf die Umstrukturierung unserer Kita. Dabei können wir Vieles verändern." Die Umstrukturierung wird notwendig, weil eine Elementargruppe in eine Unter-drei-Gruppe umgewandelt werden soll. Diese Gruppe wird zwölf Kinder im Alter zwischen 0;8 und 2;8 Jahren aufnehmen. Die meisten Kinder werden die Einrichtung ganztags besuchen.*

Folgende Räume stehen der neuen Gruppe zur Verfügung:

- *der Raum der bisherigen „Elefantengruppe“ (55 m²),*
- *der dazugehörige Nebenraum (25 m²),*
- *ein Flur von etwa 15 Metern Länge und 4 Metern Breite, der an einer Seite aus bodentiefen Fenstern besteht,*
- *der Bewegungsraum, der bisher von den Drei- bis Sechsjährigen genutzt wird und der für die jüngeren Kinder neue Ausstattungsgegenstände erhalten soll.*

Zur Illustration zeigt Anne ein Foto: „Das ist ein Beispiel aus einer anderen Kita, die mir gefällt.“

Vertikale und horizontale Raumaufteilung in drei Ebenen

Aufgabe 20

- Bitte listen Sie auf: Welche Bewegungsmöglichkeiten bietet der Raum auf dem Beispielfoto
  - Kindern bis zum sechsten Monat,
  - Kindern zwischen sechs Monaten und einem Jahr,
  - Kindern, die sicher laufen,
  - Kindern vom zweiten bis zum dritten Lebensjahr?
- Was würden Sie noch hinzufügen wollen?
- Wo sind in diesem Entwurf Gefahrenquellen ausgeschlossen worden? In welcher Form?

Beispiel: *Anne erklärt: „Wir wünschen uns fachlichen Rat, der uns auf Ideen bringt, wie wir die vorhandenen Räume möglichst bewegungsfreundlich gestalten können. Wir brauchen eine Liste für die Preiskalkulation.“*
Anne hat einige Bilder zur Hand. „Auf diesem Foto sehen Sie den in Aussicht genommenen Gruppenraum im Rohbau.“

Der Raum der bisherigen Elefantengruppe (55 m^2) im Rohbau

Aufgabe 21

Unterstützen Sie Anne anhand Ihrer Liste von Aufgabe 20 und anhand des Fotos. Nutzen Sie dabei die Informationen aus dem Lehrbuch S. 68–72.

- *Um sich eine handhabbare, konkrete Vorstellung zu erarbeiten, empfehlen wir die Anfertigung eines dreidimensionalen Raumentwurfes. Dafür eignen sich Kartonmodelle hervorragend. Sie brauchen folgende **Materialien**:*

  - *Grundplatte aus Pappe, pro Raum eine Pappe*
  - *Kartons und Schachteln in verschiedenen Größen*
  - *Pappröhren, Pappen*
  - *Bindfaden, Draht, Stoffreste*
  - *Joghurtbecher*
  - *Murmeln, Holzklötzchen, kleine Steine, Kastanien, Bohnen, Tannenzapfen*
  - *Alleskleber, fertig angerührten Tapetenkleister*
  - *Sägespäne, Farbpulver*

*Als **Werkzeuge** eignen sich Klebepistolen, Scheren, Schneidemesser, Zangen, Wäscheklammern, Klemmen, ein Lineal.*
*Als **Schutz** benötigen Sie eine Plane für den Tisch, eine Schürze für Ihre Kleider, Eimer und Lappen.*

- *Reflexionsfragen:*

  - *Entspricht das Modell den Möglichkeiten der Kita und Ihren Vorstellungen?*
  - *Wie ist es Ihnen während der Zusammenarbeit mit Ihrem „Konstruktionsteam" ergangen? Konnten Sie Ihre Vorstellungen verwirklichen?*
  - *Gab es Hindernisse und Probleme, die nicht zu bewältigen waren?*

- *Die Erstellung des Kartonmodells hat Sie vielleicht auf Ideen gebracht, wie Sie die Räume in Ihrer Praxiseinrichtung verändern können.*

  - *Schreiben Sie diese Ideen auf und bringen Sie sie, wenn möglich, bei einer Teamkonferenz ein.*
  - *Berichten Sie in der Schule über die Reaktion Ihrer Kolleginnen in der Kita und stellen Sie tatsächliche Veränderungsabsichten dar.*

1.2.3 Das Außengelände gestalten

Das Außengelände im jetzigen Zustand

Beispiel: *Anne berichtet in der Lerngruppe, dass jetzt endlich die Gelder für die Umgestaltung des Außengeländes bewilligt wurden. Zu den Plänen erläutert sie Folgendes:*
„Wir haben Glück. Unser Außengelände ist 3 000 m² groß. Einen Teil, der direkt an den Gruppenraum der Jüngsten anschließt, wollen wir abteilen, damit die Kleinsten ungestört spielen können und die Größeren nicht in ihren Spielbedürfnissen hindern. Wir haben auch einen Wasseranschluss auf diesem Teil des Grundstücks. Das Außengelände ist jetzt ganz flach und vorwiegend mit Gras und Kräutern bepflanzt. Das wollen wir ändern und für die Kinder auch Geräte und Bewegungsmaterialien anschaffen."

Aufgabe 22

Bitte unterstützen Sie Anne bei der Ideensammlung für die Umgestaltung des Außengeländes. Die Notizen zum Turnhallenparcours auf Seite 24 können eine wertvolle Hilfe sein, um die Bewegungsbedürfnisse von Kindern verschiedener Altersgruppen angemessen zu berücksichtigen.
Nutzen Sie auch hier ein Kartonmodell als ausdrucksvolle Unterstützung und Ideengeber. Beziehen Sie bei Ihrer Planung folgende Raumteilungsprinzipien ein:

- *unterschiedliche Höhen und Ebenen*
- *Freiräume für großräumige Bewegungen und Kinderfahrzeuge*
- *Mulden, Vertiefungen, Begrenzungen*
- *Nischen, Winkel, Ecken*
- *Einblicke, Ausblicke, Überblicke*
- *Wasserhahn, Pumpe, Wasserlauf*
- *Bepflanzung mit ungiftigen Büschen und Bäumen*
- *Hochbeet mit Bepflanzung unter Beteiligung der Kinder*
- *Häuschen, Unterstand, Höhle*
- *Möglichkeiten zum Steigen, Klettern, Rutschen, Schaukeln, Balancieren, Kriechen, Rennen*
- *Schuppen für Geräte und Kinderfahrzeuge*

Berücksichtigen Sie dabei die Vorschläge aus den Kapiteln 2.4.1.1 und 2.4.2.3 im Lehrbuch.

1.2.4 Räume für bildnerische Grunderfahrungen einrichten

Beispiel: *Sie arbeiten in der Kita „Pusteblume" in einer altersgemischten Kindergruppe (17 Kinder von 1 bis 4 Jahren) zusammen mit einer Ganztags- und einer Halbtagskraft. Die Erzieherin Annika Ihres Kitateams hat eine Fortbildung zum Thema „Bildnerische Erziehung" gemacht und dort viele neue Ideen entwickelt. Sie möchte daraus einen neuen Arbeitsschwerpunkt machen, weil das Thema „Bildnerisches Gestalten" bisher in der Kita noch wenig zum Tragen kam. Was sie gelernt und erlebt hat, berichtet Annika begeistert während mehrerer Dienstbesprechungen. Sie regt damit die Kolleginnen zum Nachdenken an. Schließlich sind Sie sich im Team einig: Sie möchten erste Ideen prüfen und geeignete verwirklichen, um gerade den jüngsten Kindern vielfältigere Erfahrungen mit Farben und Materialien wie Ton und Kleister zu eröffnen. Dazu wollen Sie die vorhandenen Möglichkeiten nutzen und, wenn notwendig, erweitern. Sie beginnen damit, ein Konzept zum „Atelier für die Jüngsten" zu erarbeiten. Der bisher eher als Abstellfläche genutzte Nebenraum einer Elementargruppe könnte groß und hell genug sein. Er ist sowohl für die Kinder unter drei Jahren als auch für die jüngeren Elementarkinder gut zu erreichen. Annika möchte sich um die Organisation und pädagogische Arbeit in diesem Raum verantwortlich kümmern und bei Bedarf auch andere interessierte Kollegen einarbeiten.*

Aufgabe 23

Bevor Sie weiterlesen, überlegen Sie sich, wie Sie selbst vorgehen würden.

Wir schlagen zur Vorbereitung des Vorhabens folgende Planungsschritte vor:

1. *Sich informieren:* Was sollten die verantwortlichen Mitarbeiterinnen wissen und können, um kompetent und professionell handeln zu können? Wer außer Annika verfügt noch über entsprechende Kenntnisse und Fertigkeiten?
2. *Sich informieren:* Haben kleine Kinder zwischen ein und vier Jahren überhaupt Interesse an Farben oder anderen Gestaltungsmaterialien? Was machen sie damit? Wie verlaufen feinmotorische und bildnerische Entwicklung? Welche Aktionen und Themen entstehen, wenn Kleinstkinder dem Material gegenüberstehen? Wie wandeln sich diese mit steigendem Alter? Was brauchen Kinder, um ihre Erfahrungen auszubauen?
3. *Klären:* Wie sieht es in unserer eigenen Einrichtung aus? Welche Anforderungen sollte „unser" Atelier erfüllen?
4. *Klären:* Wie sieht es in anderen Einrichtungen aus? Wie wird dort mit den Jüngsten im Bereich des Malens und Formens gearbeitet? Wie sind die dafür vorgesehenen Bereiche ausgestattet?
5. *Entscheiden:* Was übernehmen wir? Was übernehmen wir nicht? Was sollten wir bei uns räumlich verändern? Was kann so bleiben?
6. *Entscheiden:* Wie organisieren und gestalten wir das Angebot?

Zu 1 und 2: Informationen zu Vorlieben, Entwicklungsverläufen und Anregungsmöglichkeiten in Bezug auf die Bedeutung und Entwicklung des Zeichnens und Formens erhalten Sie, wenn Sie Kapitel 5.5.2.2 im Lehrbuch lesen.

Zu 3: Informationen zur Frage „Wie sieht es in unserer eigenen Einrichtung aus?" erhalten Sie als Ergebnis einer gemeinsamen Bestandsaufnahme.

Beispiel: *Sie vermessen den Nebenraum und stellen fest:*

- *Er ist 25 m^2 groß und hat eine Dachschräge auf der linken Seite.*
- *Der Fußboden ist durchgehend mit hellgrauem Teppichboden ausgelegt.*
- *Die Wände sind im Blockstreifenmuster tapeziert.*

- *Der Raum verfügt nicht über einen Wasseranschluss.*
- *Nebenan befindet sich das Personal-WC.*

Sie überprüfen die Ausstattung des Raumes. Vorhanden sind

- *eine Sesselecke mit einem niedrigen Kieferncouchtisch von 1,80 Metern Länge,*
- *ein Wandschrank mit einer Garderobenstange und drei Fächern,*
- *ein Bücherwandregal mit vier Fächern (Höhe 1,80 Meter, Breite 2 Meter).*

Zu 4: Informationen zur Frage: „Wie sieht es in anderen Einrichtungen aus?" Falls Sie die Möglichkeit dazu haben, sehen Sie sich verschiedene Einrichtungen an und dokumentieren Sie, in welcher Form den Kindern Angebote zum bildnerischen Gestalten gemacht werden.
Wenn Sie zurzeit keinen Einblick in eine Praxiseinrichtung haben, nutzen Sie unsere folgenden Beschreibungen.

Beispiel: Kita „Feiningerweg"
Sie erhalten die Möglichkeit, das „Atelier" anzusehen und die Kinder und Erzieherinnen während eines Angebotes zu beobachten. Das Atelier besteht aus zwei miteinander verbundenen Räumen von je 30 m^2, die durch eine Schiebetür verbunden sind. Im ersten Bereich hantieren drei Kleinstkinder mit nassen Materialien und flüssigen Farben. Der Erzieher berichtet: „Die Kinder haben sich im Morgenkreis entschieden, heute morgen hier zu sein. Ich lege vorher auf dem Materialtisch wechselnd Materialien aus. Heute haben wir Stärkefarbe angerührt. Die Kinder ziehen sich dann ihre Kittel an, sagen mir, was sie brauchen, und ich helfe ihnen, alles zusammenzubekommen, z. B., die Farbe auf die Paletten zu schmieren. Dann legen sie los und ich beobachte, mache mir Notizen für das Journal und begleite sie."
Der Raum verfügt über ein langes Waschbecken mit mehreren Ausflüssen und einer seitlichen Abstellfläche. Er ist mit hellbraunem Linoleum ausgelegt. Zwei Wände sind durchgehend mit grauer Malerpappe bespannt, auf der die Erzieher bei Bedarf die von den Kindern ausgewählten Malblätter befestigen. An den beiden anderen Wänden befinden sich offene Regale. In den unteren Fächern finden Kinder Papiere verschiedener Formate von DIN A3 bis DIN A1, Wachsstifte und -blöcke (nach Farben geordnet in Einzelbehältern). Außerdem stehen hier Pinsel verschiedener Stärken mit gekürzten Stielen zur Auswahl: Borstenpinsel von Stärke 8 bis hin zu dicken Malerpinseln.
In den oberen Fächern gibt es in Transparentkästen Tannenzapfen, Moos, kleine Zweige, Strohhalme, Steine, Muscheln, Papierkugeln, Federn, Perlen und Glitzersteine. Ganz oben findet man fertig angerührten Tapetenkleister, Pulverfarben, Fingerfarben, Papiertücher, Wassergläser, verschließbare Deckelschalen mit Finger- oder Kleisterfarbe, Paletten, Löffel und Spachtel. Vor der Wand steht für jedes Kind ein kleiner Tisch für die jeweils benötigten Arbeitsmaterialien. Ansonsten ist der Raum leer.
Im zweiten Raum sitzen an zwei höhenverstellbaren langen folienbedeckten Tischen sechs Kinder im Alter zwischen 1;2 und 2;2 Jahren. Sie beobachten gespannt, wie rote und gelbe Fingerfarbe sich beim Hineintropfen in einen Schuhkartondeckel verhält und verändert. „Gleich gebe ich ihnen den Tipp, die Gegenstände aus den Schälchen dazuzunehmen. Ich werde ihnen zeigen, wie sie sie durch Schräghalten und Schwenken durch den Farbbrei treiben können", erklärt der Erzieher, „und wir sehen, was dann mit der Farbe passiert." Neben den Tischen sind auf einem großen, niedrigen Teewagen Murmeln, Kieselsteine, Holzwürfel und Federn bereitgestellt.
Der Raum verfügt ebenfalls über einen Wasseranschluss und außerdem über einen einfachen Tonbrennofen. Die Regale an den Wänden enthalten in transparenten Kästen, einzeln verpackt oder gebündelt Sand, Sägemehl, Ton in Stücken von je 2 Kilogramm, Schaber, Spatel, Löffel, Glassteine, farbige Murmeln, Muscheln und Steinchen, Verpackungschips aus Styropor und Wolle in allen Regenbogenfarben und Stärken.

Kita „Mickykids"

„Wir haben einen Wochenplan, der mindestens dreimal pro Woche eine Beschäftigung aus dem Kreativbereich vorsieht", erläutert die Leitung bei Ihrem Besuch. „Die Beschäftigungen finden aus organisatorischen Gründen jeweils in den Gruppenräumen statt. Das Material wird jeweils von den Praktikantinnen vorbereitet und anschließend auch wieder weggeräumt. Wir richten uns bei der Themenstellung nach den Jahreszeiten oder besonderen Anlässen in der Kita. Natürlich nehmen wir auf die beschränkten Fähigkeiten der Kleinsten Rücksicht. Wir überfordern sie nicht."

Als Sie den Gruppenraum betreten, sitzen alle zehn Kinder am Tisch. „Im Mai führen wir gern das ‚Käferprojekt' durch. Dazu haben die Kinder schon mehrere Bilderbücher angesehen und das Lied vom ‚Marienkäferpapa' für den Elternabend eingeübt", berichtet die Erzieherin. „Heute wollen wir dazu die Käfer basteln. Wir haben den Kindern die Käfer-Grundformen ausgeschnitten und nun dürfen sie diese frei anmalen. Zum Schluss bekommen sie zur Förderung der Feinmotorik die Marienkäferpunkte und sechs Beinchen zum Ankleben. Als Abschluss singen wir gemeinsam das Lied." Jedes Kind hat vor sich eine Malunterlage, auf der die Käferschablone liegt. Von Hand zu Hand geht ein Schuhkarton, der mit Wachsmalstiften gefüllt ist und aus dem die Kinder sich jeweils eine Farbe nehmen dürfen. Wenn sie sie nicht mehr brauchen, legen sie sie zurück. Einige Kinder sind enttäuscht, weil nur zwei rote Wachsstifte vorhanden sind. „Das ist Absicht", erklärt die Erzieherin. „So lernen die Kinder, zu teilen und auch mal zu warten, bis sie dran sind."

Auf Ihre Frage erfahren Sie, dass die Gestaltungsmaterialien in den Schränken und in der Abstellkammer nebenan verwahrt werden und bei Bedarf an die Kinder verteilt werden. „So haben wir immer alles gleich bei der Hand und behalten die Übersicht. Die Gelder für Beschäftigungsmaterialien sind ja leider knapp." Zur Verfügung stehen Wachsmalstifte, Fingerfarben, Haarpinsel und DIN-A4-Bögen. Zum Kleben gibt es Klebestifte. „Die sind für die Kleinen gut handhabbar und pflegeleicht." Als formbare Materialien bieten die Erzieherinnen bunte Knete an, die in kinderfaustgroßen Stücken in roten Plastikkästen aufbewahrt wird. Salzteig wird ebenfalls verwendet und jeweils frisch zubereitet.

Zu 5 und 6: Entscheiden: Was brauchen wir für unsere Gruppe?

Aufgabe 24

Überlegen Sie möglichst „im Team" oder in einer kleinen Gruppe Antworten auf folgende Fragen und versuchen Sie dabei, sich in die Situation der Kinder zu versetzen:

- *In welcher Kita gibt es aus entwicklungspsychologischer Sicht wünschenswertere Bedingungen für die Kinder, kreativ tätig zu sein? Warum?*
- *Wie beurteilen Sie das Herstellen von vorgefertigten Maikäfern, wenn Sie an die Entwicklung des Zeichnens in den ersten drei Lebensjahren denken?*
- *Welche Elemente aus den vorgestellten Kitas möchten Sie für Ihre Planung übernehmen? Begründen Sie Ihre Entscheidungen.*
- *Erstellen Sie anhand der gewonnenen Informationen ein Modell für ein Atelier. Dies kann in Form einer Zeichnung oder eines „Schuhkartonmodells" erfolgen. Als Ausgangspunkt Ihrer Überlegungen nehmen Sie den vorgegebenen Raum.*
  - *Überlegen Sie: Was kann für Ihre Gruppe so bleiben, was muss verändert werden?*
  - *Sind bauliche Maßnahmen nötig?*
  - *Wie viel Kindern bietet das Atelier Platz?*
  - *Welche Möbel/Ausstattungsgegenstände und welches Material würden Sie zusätzlich zu dem Vorhandenen anschaffen beziehungsweise bereitstellen?*

- *Wie arbeiten Sie in diesem Atelier? Wann und wie lange sollte es den Kindern zur Verfügung stehen? In welcher Form bieten Sie die Materialien an?*

Aufgabe 25

Wenn Sie die Möglichkeit haben, Ihre Überlegungen in der Praxis in die Tat umzusetzen, sollten Sie noch folgende Fragen klären:

- *Wie lange sollte der Raum täglich zur Verfügung stehen? Nur am Vormittag? Nur am Nachmittag? Am Vormittag* und *Nachmittag?*
- *Wie könnte er in den „Leerzeiten" anderweitig genutzt werden?*
- *Wer übernimmt die Materialbeschaffung und -wartung?*
- *Wer könnte täglich mindestens vier Stunden im Atelier anwesend und tätig sein?*
- *Welche Aufgaben hätte diese Person noch außer der gestalterischen Arbeit mit den Kindern?*

1.3 Für Schutz vor Kindeswohlgefährdung sorgen

Die EU-Grundrechtecharta und Artikel 2, 3, 6 und 12 der UN-Kinderrechtskonvention nennen und beschreiben eine Reihe von unveräußerlichen Grundrechten für jedes Kind auf der Welt und beauftragen alle Gesetzgebungs- und Verwaltungsinstanzen und alle öffentlichen oder privaten Einrichtungen, die Stellung des Kindes als (Rechts-)Subjekt und Träger dieser Grundrechte anzuerkennen und für seine Rechte einzutreten.

Aufgabe 26

- *Um welche Rechte handelt es sich? Schreiben Sie sie nebeneinander auf je einen Flipchart-Bogen und hängen sie diese nebeneinander an die Wand.*
- *Jetzt folgt ein Schreibgespräch: Gehen Sie mit einem Stift in der Hand von Bogen zu Bogen und schreiben Sie Ihre Meinung und Eindrücke zu dem jeweiligen Grundrecht auf. Das könnte zum Beispiel eine Einschätzung der Wichtigkeit sein, die dieses Recht für Sie hat. Es könnte auch eine Beschreibung sein, wo die Gefahr der „Nichtbeachtung" in den Familien, im Gemeinwesen oder auch in den Bildungsinstitutionen besteht. Vielleicht möchten Sie auch persönliche Erfahrungen dazu schreiben. Sie können auch Symbole oder Piktogramme zeichnen.*
- *Gehen Sie anschließend von Bogen zu Bogen und lesen und überdenken Sie das Geschriebene. Vielleicht möchten Sie jetzt noch etwas hinzufügen. Kleben Sie neben die beiden Ihnen am wichtigsten erscheinenden Aussagen einen Klebepunkt.*
- *In der anschließenden Diskussion im Plenum sollten noch einmal die wichtigsten Aspekte des Themas angesprochen werden. Vielleicht ergibt sich daraus ein Projekt für Ihre Lerngruppe: Eine Broschüre mit dem Thema „Grundrechte von Kindern" oder eine Präsentation für ein Teamgespräch oder einen Elternabend in Ihrer Praxisstelle.*

Aufgabe 27

- *Was sagt das Grundgesetz über die Pflicht von Eltern gegenüber ihren Kindern aus?*
- *Was geschieht, wenn deutlich wird, dass sie diesen Pflichten nicht nachkommen? Beschreiben Sie den Schutzauftrag des Jugendamtes. Erläutern Sie, was unter „Kindeswohlgefährdung" zu verstehen ist.*

Informationen erhalten Sie im Lehrbuch auf den Seiten 82 bis 87.

Beispiel: *Seit einem halben Jahr sind Timmys (2;5 Jahre alt) Eltern nicht mehr persönlich in die Kita gekommen, weder zum Elternabend, noch zu kurzen Gesprächen zwischen Tür und Angel beim Abholen oder Bringen des Kindes. Mit dem schriftlichen Einverständnis der Mutter als allein Sorgeberechtigter hat die Großmutter in letzter Zeit das Kind täglich abgeholt, oft erst gegen 18:30 Uhr, manchmal auch Timmys Tante.*
Timmy trägt seine Kleidung oft eine ganze Woche oder länger und ist oft auf Wechselwäsche und Windeln vonseiten der Kita angewiesen. Seit Kurzem weint er oft, mag nicht mitspielen, schiebt den vollen Teller von sich. Oft leidet er unter Juckreiz und roten, manchmal blauen Flecken im Gesicht und am Körper. Die Großmutter kann sich das nicht erklären. Auf die Frage nach dem Wohlergehen von Timmys Eltern antwortet sie sehr ausweichend. Einmal bricht sie dabei in Tränen aus, ist aber zu keiner anderen Stellungnahme zu bewegen. Nina, Timmys Erzieherin, hat den Eindruck von körperlicher oder/und seelischer Gewalt gegen Timmy und benennt deutliche Merkmale von Vernachlässigung.

Aufgabe 28

- *Um welche Form von Kindeswohlgefährdung könnte es sich hier handeln?*
- *Welche Ursachen wären dafür denkbar? Nennen und erläutern Sie Risikofaktoren.*
- *Machen Sie Vorschläge, die Timmys Situation positiv ändern können.* ***Wer*** *soll* ***ab wann*** *und in welcher* ***Reihenfolge wie*** *aktiv werden? Wer greift ein, wenn Timmys Eltern weiterhin nicht erreichbar sind?*
- *Füllen Sie die Endpunkte der unten stehenden Mindmap aus: Was würde es für Timmys emotionale, soziale und kognitive Entwicklung bedeuten, wenn niemand eingreift?*

Mindmap „Folgen von Vernachlässigung und Misshandlung"

2 Entwicklungs- und Bildungsprozesse

- Bewegungsbedürfnisse der Kinder erschließen
- Kinder in ihrer kognitiven Entwicklung beobachten und fördern
- Lernen und Bildung – wo liegt der Unterschied?
- Wie kleine Kinder lernen
- Phasen kognitiver Entwicklung erkennen
- Unterstützung von Lernprozessen
- Beobachten und dokumentieren

Wenn Sie dieses Kapitel durchgearbeitet haben, kennen Sie zentrale Entwicklungsthemen in den ersten drei Lebensjahren und den Entwicklungsverlauf in verschiedenen Persönlichkeitsbereichen. Sie können grundlegende Formen des Lernens in der Praxis anwenden und zum kollegialen Austausch über Entwicklungsthemen beitragen. Sie wissen etwas über den Aufbau von Sensomotorik, Lernen durch Wahrnehmung und Bewegung und den Aufbau sozialer Fertigkeiten. Sie haben Instrumente zur Beobachtung und Dokumentation von Bildungsprozessen kennengelernt und wissen, wofür sie anzuwenden sind. Sie kennen den Zusammenhang zwischen Lernen und Bildung und nehmen das Lernen junger Kinder im Kontext ihrer Entwicklung, Persönlichkeit und ihrer sozialen Bezüge wahr. Sie haben sich mit aktuellen entwicklungspsychologischen Erkenntnissen und mit einigen Theorien zu Entwicklungs- und Aneignungsprozessen von Kindern unter drei Jahren auseinandergesetzt. Sie unterstützen junge Kinder in der Exploration ihrer Lebenswelt und in der Aneignung von Sprache als wichtigstem Kommunikationsmittel. Sie ermöglichen vielfältige Grunderfahrungen im musikalischen Bereich, mit Werkzeugen und Gestaltungsmaterialien und begleiten die Kinder bei der Entfaltung individueller Erfahrungsbedürfnisse und Ausdrucksformen. Kindern mit besonderem Förderbedarf können Sie entsprechende Angebote machen. Sie haben sich über neuere Beobachtungsverfahren informiert. Sie beobachten, reflektieren und dokumentieren kindliches Verhalten und teilen Ihre Wahrnehmungen Eltern und Kolleginnen mit.
Weil frühkindliche Entwicklung und frühkindliches Lernen auf wachsenden Bewegungserfahrungen beruht, nehmen wir zunächst die Reihenfolge von Bewegungsbedürfnissen und ihre Bedeutung für die kindliche Gesamtentwicklung in den Blick.

2.1 Bewegungsbedürfnisse der Kinder erschließen

Im nächsten Schritt möchten wir Ihre Aufmerksamkeit auf kindliche Bewegungsbedürfnisse in unterschiedlichen Entwicklungsniveaus lenken. Auch dafür bieten wir Ihnen eine Imagination an, die Sie am günstigsten zusammen mit Ihrer Lerngruppe in der Turnhalle durchführen können. Sie brauchen dafür einige Lineale (halb so viele wie Gruppenmitglieder), pro Person eine Gymnastikmatte und Meditationsmusik als Begleitung, in der ruhige mit bewegt-rhythmischen Passagen abwechseln.
Finden Sie sich zum Einstieg mit einer Partnerin zusammen. Überprüfen Sie durch Ausmessen folgende Aussage: Die Kopflänge eines Erwachsenen ist etwa achtmal in seiner Körperlänge enthalten. Anschließend teilen Sie Ihre Köperlänge durch vier. Das Ergebnis entspricht ungefähr dem Verhältnis der Körperlänge von Kindern zu ihrem Kopf im ersten Lebensjahr. Wir benutzen im Folgenden wieder die persönliche Anrede „du".

Aufgabe 1

- *Stelle dir jetzt vor, du würdest auf deinen Schultern einen Kopf in „Babyproportionen" tragen, so breit wie du selbst und so hoch wie ein Viertel deiner Körperlänge. Spürst du das Gewicht dieses Kopfs? … Überlege dir, wo die Nase sitzt … Wo befinden sich die Augen? … Streiche dir über die rechte, die linke Wange. Versuche, den Mittelscheitel zu erreichen. Das geht nicht? … Warum ist das so? … Lege dich jetzt bäuchlings auf deine Matte. Spüre deinen großen Kopf und den Rumpf, die Arme und Beine. Nichts davon kannst du als Neugeborenes bewusst und zielgerichtet bewegen.*
- *Stelle dir jetzt vor, du seiest einige Tage alt. Registriere die Berührungsempfindungen deines ganzen Körpers auf der Matte. Du willst deinen Erfahrungsradius erweitern und mehr und anderes sehen und hören, als es dir im Liegen auf dem Bauch möglich ist. Es gelingt dir für sehr kurze Zeit, den Kopf zu heben und nach oben zu blicken. Was siehst du jetzt?*
- *Du bist jetzt drei Monate alt. In den vergangenen Wochen hast du versucht, immer mehr von der dich umgebenden Welt zu hören und zu sehen. Du hast es durch unablässiges Üben*

geschafft, den Kopf hochzuheben und ihn oben zu lassen. Jetzt benutzt du deine Arme mit. Du schaffst es zum ersten Mal, dich auf die Unterarme zu stützen. Wie fühlen sich Schultern und Brust an ohne den Gegendruck der Unterlage? ... Was nimmst du jetzt wahr? ... Du versuchst, höher und höher zu kommen.

- *Jetzt – mit sechs Monaten – stützt du dich nur noch auf deine Hände. Wie fühlt sich das an? ... Wie verändert sich dein Körpergefühl? ... Was kannst du jetzt erfassen, das bisher nicht in deinem Blickfeld war? ... Wie lässt sich der Rundumüberblick noch weiter verbessern? ... Verringere die Schnittstellen zur stabilen Unterlage noch weiter. Hebe den Po, ziehe die Knie unter den Bauch und stütze dich auf die Hände. Was erlebst du jetzt? ... Du kannst auf Händen und Knien schaukeln. Probiere, wie weit du dich nach hinten, nach vorn und zu den Seiten bewegen kannst ... Und jetzt passiert es: Du plumpst seitwärts auf die Unterlage und hast es plötzlich geschafft, dich vom Bauch auf den Rücken zu drehen. Nimm diese neue Erfahrung bewusst wahr und experimentiere damit. Wie geht es umgekehrt?*

- *Eines Tages in deinem siebten Lebensmonat wagst du etwas fundamental Neues. Du löst in der Bauchlage eine Hand vom Boden, stützt sie weiter vorn fest auf und ziehst dich vorwärts. Jetzt ziehst du die andere Hand nach vorn, dein Bauch und deine Beine werden mitgezogen. Du verlässt zum ersten Mal selbstständig den Ort, wo die Erwachsenen dich hingelegt haben. Wie erlebst du das? ...*

- *Einen Monat später kannst du geschickt krabbeln, vorwärts, rückwärts, nur mit einem Bein, seitwärts. Schließlich begibst du dich auf Händen und Füßen in den „Bärengang". Jetzt hast du nur noch wenig Kontakt zur stabilen Unterlage. Was ereignet sich jetzt? ...*

- *Im neunten Monat triffst du beim Krabbeln auf seitlichen Widerstand. Was tust du jetzt? ... Weichst du aus? ... Oder nutzt du den seitlichen Halt, um weiter nach oben zu kommen? ... Der Halt der stabilen Unterlage hat sich weiter verringert, dafür kannst du die stabile Seite nutzen. Was tust und erfährst du jetzt?*

- *Um den ersten Geburtstag herum lässt du den Seitenhalt los. Du stehst schwankend allein auf deinen Füßen. Und jetzt wagst du es: Wie du es beim Krabbeln gelernt hast, hebst du ein Bein ab: Ganz kurz stehst du nur auf einem Fuß, den du rasch wieder aufsetzt. Aber nun hast du deinen ersten selbstständigen Schritt gemacht. Wie geht es dir damit? ... Was möchtest du jetzt tun?*

Aufgabe 2

- *Falls Sie sich in den frühen Entwicklungsverlauf hineinversetzen konnten, schildern Sie Ihren Erfahrungszuwachs auf den einzelnen Stufen. Wie hat sich jeweils Ihr Umweltwissen verändert? Wie ist es Ihnen dabei ergangen?*

- *Was hat oder hätte die Situation auf den einzelnen Etappen für Sie optimiert (Verhalten der Erwachsenen, Raumausstattung, Materialien)?*

Im vorigen Abschnitt haben Sie sich über „Selbsterfahrung" einen Eindruck von frühkindlicher Bewegungsentwicklung verschafft. Jetzt gilt es, diese Erfahrungen zu systematisieren und für jede Stufe Anregungen zu erarbeiten, die Sie in die Praxis übertragen können. Eine Anregung dazu soll Ihnen das folgende Puzzle zur grobmotorischen Entwicklung geben (vgl. Hellbrügge, 1978).

Aufgabe 3

- *Schneiden Sie die Zeichnungen unten aus. Überlegen Sie sich eine schlüssige Reihenfolge. Anhaltspunkte erhalten Sie in Kapitel 2.4.1.2 des Lehrbuchs.*
- *Kleben Sie zwei DIN-A3-Bögen im Hochformat der Länge nach aneinander. Teilen Sie dieses lange Poster in drei senkrechte Spalten mit folgenden Überschriften auf:*

Bildinhalt	Bewegungsbedürfnisse Neue Erfahrungen Lernzuwachs	Raumbedarf Raumeinteilung Ausstattungsgegenstände Spielmaterialien

- *Kleben Sie die Zeichnungen in der richtigen Reihenfolge in die linke Spalte.*
- *Schreiben Sie in die mittlere Spalte unter der Überschrift „Bewegungsbedürfnisse" zu jeder Zeichnung eine kurze Erläuterung: Was tut das Kind, welchen Erfahrungszuwachs erarbeitet es sich?*
- *Erarbeiten Sie in der Kleingruppe Einträge für die rechte Spalte: Aufteilung, Einrichtung, Ausstattung und Materialangebot in den Räumen für die einzelnen Entwicklungsabschnitte.*

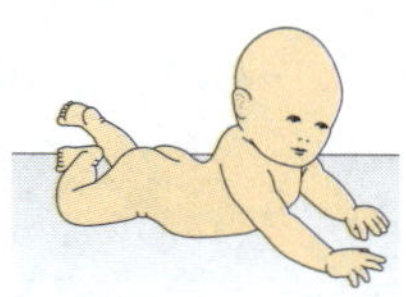
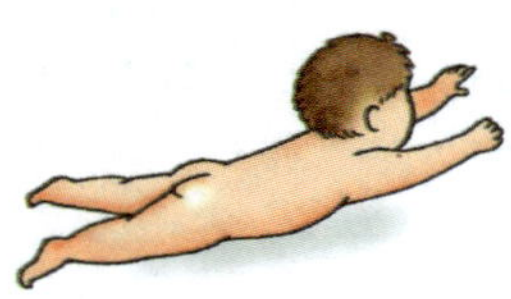
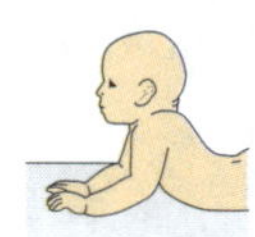
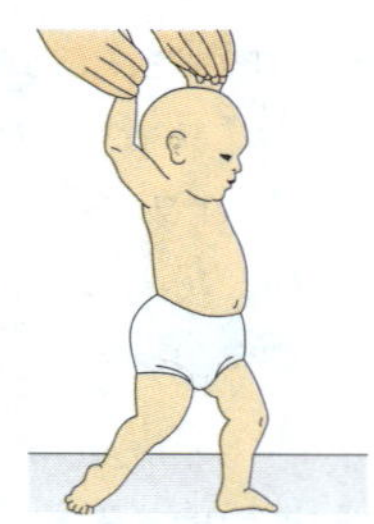
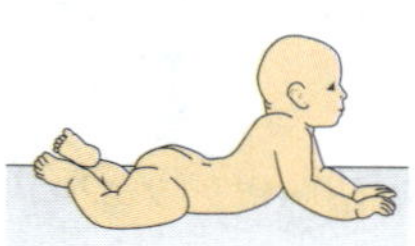
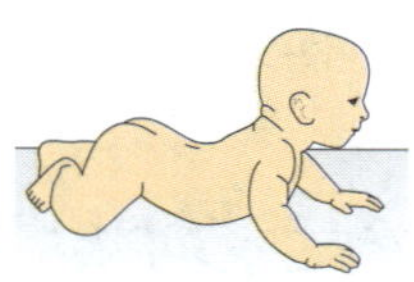

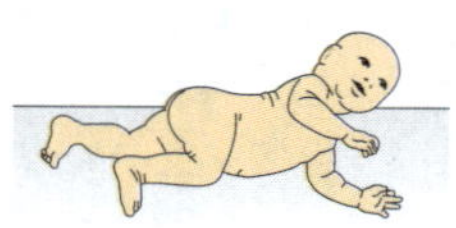
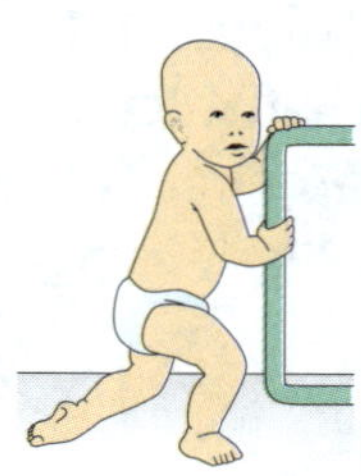
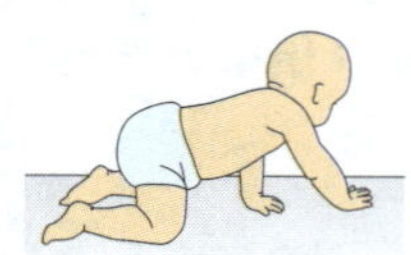

2.2 Kinder in ihrer kognitiven Entwicklung beobachten und fördern

2.2.1 Lernen und Bildung – wo liegt der Unterschied?

Zu Beginn möchten wir Sie bitten, sich an eigene spannende Lernerlebnisse in Ihren ersten Lebensjahren zu erinnern, sich noch einmal in diese Situationen hineinzuversetzen und dann Ihre Erkenntnisse in Ihre Arbeit einfließen zu lassen. Dazu brauchen Sie einen DIN A 2-Bogen Papier und Wachsstifte.
Bitte legen Sie sich entspannt zurück, schließen die Augen und stellen beide Füße fest auf den Boden. Spüren Sie den Boden? Im Folgenden sprechen wir Sie wieder mit „du" an, um es Ihnen zu erleichtern, sich in Ihre ersten Lebensjahre zurückzuversetzen.

Aufgabe 4

- *Versuche jetzt, so weit wie möglich in deine frühe Kindheit zurückzublicken und dich an ein prägendes Erlebnis zu erinnern, bei dem du mit Freude und Spannung etwas ganz Neues entdeckt und ausprobiert hast. Denke an diese Situation. Wo siehst du dich gerade? … Wie alt bist du ungefähr? … Was tust du? … Was willst du tun? … Wie sieht die Umgebung aus? … Bist du allein oder ist noch jemand da? … Wie wirkt der oder die auf dich ein? … Was siehst, hörst und fühlst du? … Was fordert dich heraus? … Mit welchen Schwierigkeiten setzt du dich gerade auseinander? … Wie geht es dir dabei? … Was gelingt dir und was gelingt dir nicht? … Wie hilfst du dir selbst? … Was würdest du jetzt brauchen, um dein Ziel noch besser zu erreichen?*
- *Öffnen Sie jetzt die Augen, recken und strecken Sie sich und kommen Sie wieder an Ihren Platz zurück. Als Nächstes gilt es, Ihre Erfahrungen näher anzuschauen.*

Aufgabe 5

- *Zeichnen Sie jetzt unter der Überschrift: „Da habe ich etwas ganz Neues gelernt" „Bilder-Notizen", die Sie anschließend mit Kurzkommentaren versehen. Stellen Sie Ihre Empfindungen und Absichten als Farben (zum Beispiel Blau für Ruhe, Entspannung; Rot für Aktivität, Spannung oder aggressive Impulse) und Formen (rund, zackig, eckig, Linien, Schnörkel, Kreise, Spiralen) dar.*
- *Stellen Sie Ihr Bild der Lerngruppe vor, indem Sie die dargestellten Elemente beschreiben.*
- *Sammeln und ordnen Sie gemeinsam auf einem Flipchart die Stichworte der Teilnehmer Ihrer Gesamtgruppe.*

Sie werden überrascht sein: Mit dieser Sammlung haben Sie gemeinsam eine erste Grundlage geschaffen, auf der Sie lernfreundliche Umgebungsbedingungen und Verhaltensweisen für die Begleitung und Unterstützung kindlicher Lernprozesse planen und verwirklichen können.

Merksatz
Lernen *ganz allgemein ist der Erwerb oder die Veränderung von Verhalten, Gedanken, Gefühlen, Absichten und Motiven durch Erfahrung und Übung. Wir unterscheiden absichtliches (intentionales) Lernen und beiläufiges, unbeabsichtigtes, zufälliges (inzidentelles) Lernen.*

Verhaltensänderungen entstehen im Kleinstkindalter durch Umweltwahrnehmung über die Verarbeitung und Integration von Sinnesreizen im Zentralnervensystem. Wie Sinneserfahrungen aufgenommen, verarbeitet und in bleibende Verhaltensmuster, Kompetenzen und Wissensbestände verwandelt werden, hängt auch ab vom individuellen Gesundheitszustand, der Konstitution und dem Temperament eines Kindes.

Lernprozesse sind der Ausgangspunkt für die Entfaltung des individuellen Potenzials und für Bildungsprozesse. ***Bildung*** im landläufigen, traditionellen Verständnis wird oft ausschließlich mit Wissenserwerb gleichgesetzt.

Eine kurze Notiz im Hamburger Abendblatt (02.06.2006, S. 4) informierte:

Mehr Unterricht im Kindergarten
Im Kindergarten soll es nach dem Willen der Länder-Kultusminister und der beiden Kirchen künftig mehr frühkindliche Bildung geben. Das sagte die Leiterin der Kultusminister-Konferenz der Länder (...).

Aufgabe 6

- *Welche Vorstellung von frühkindlicher Bildung steht hinter dem Artikel?*
- *Welche Vorstellungen verbinden Sie selbst mit dem Wort „Bildung"?*

In unserem Verständnis ist Bildung weit mehr als Unterricht und wird durch folgende Definitionen deutlich:

Definition
„In einer modernen Definition lässt sich unter Bildung die Förderung der Eigenständigkeit und Selbstbestimmung eines Menschen verstehen, die durch die intensive sinnliche Aneignung und gedankliche Auseinandersetzung mit der ökonomischen, kulturellen und sozialen Lebenswelt entsteht."
(Hurrelmann, 2002, S. 17)

Oder kürzer gesagt:

„Bildung ist ein aktiver, sozialer und sinnlicher Prozess der Aneignung von Welt."
(Senat der Freien und Hansestadt Hamburg, 2008, S. 12)

Diese Definitionen betonen die aktive Rolle des Kindes im Bildungsprozess. Wir wissen heute, dass erfolgreiches Lernen kein „Eintrichtern" sein kann, sondern besonders im Kleinkindalter ein selbstgesteuerter Prozess ist, der aus eigener Motivation das Ziel hat, die nähere und weitere Umwelt zu entdecken und sich mit ihr auseinanderzusetzen.
Auch wenn wir einem Kind Zeit und Raum geben, um seine Bildungsprozesse selbst zu steuern, ist es auf die Unterstützung der Erwachsenen angewiesen. Sie müssen ihm die Welt so anbieten und aufbereiten, dass sich Entdeckungs- und Forschungsmöglichkeiten ergeben. Die Erziehenden müssen in der intensiven Interaktion mit dem Kind Herausforderungen schaffen, die seinen Bedürfnissen und seinem Entwicklungsstand angemessen sind.
Selbst wenn Erziehende diesem Bildungsbegriff zustimmen, gibt es unterschiedliche Positionen darüber, wie dieses Ziel erreicht werden kann. In der folgenden Aufgabe finden Sie zwei gegensätzliche Auffassungen.

Aufgabe 7

Wir vertrauen den Kindern. Sie zeigen uns, was ihre Lernbedürfnisse sind, und wir helfen ihnen, sie zu erreichen.

Kinder kommen sehr schnell an ihre Grenzen, weil sie noch zu wenig über die Welt wissen und nicht die richtigen Fragen stellen können. Wir müssen ihnen daher entsprechende Angebote machen.

Bitten Sie zwei Mitglieder Ihrer Lerngruppe, sich drei Meter voneinander entfernt aufzustellen und diese Sätze laut zu sagen. Die übrigen Lernenden positionieren sich auf einer (gedachten) Linie zwischen diesen Aussagen. Ihre Stellung im Raum soll Ihre Einstellung zu den Aussagen verdeutlichen.
Begründen Sie Ihre jeweiligen Positionen.

Der Pädagoge Hartmut von Hentig antwortet auf die Frage danach, was den Menschen bildet, folgendermaßen:

„‚Alles', selbst wenn es langweilt oder gleichgültig lässt oder abschreckt. Dann ist dies die bildende Wirkung. ‚Alles', weil der Mensch ein – wundersam und abscheulich – plastisches Wesen ist: veränderbar, beeinflussbar, reduzierbar, steigerungsfähig auch gegen seinen Willen, gegen seine Einsicht, gegen seine Natur. (…) Anders als die übrige Kreatur ist er fast unbegrenzt auf Formung angelegt. Ist diese gewollt, nennt man sie Bildung."
(von Hentig, 2004, S. 13 f.)

Dieses Arbeitsheft und das dazu gehörige Lehrbuch gehen von einem Bildungsverständnis aus, dessen Grundsätze für Erziehungskräfte „alltagstauglich", d. h. bedeutsam sein müssen. Dies bezieht sich sowohl auf die eigene Persönlichkeitsentwicklung als auch auf die der Kinder in ihrem sozialen und kulturellen Umfeld. Dazu gehören nach von Hentig (2004, S. 74 ff.) Kennzeichen wie die Abscheu und die Abwehr von Unmenschlichkeit, die Wahrnehmung von Glück, die Fähigkeit und der Wille, sich zu verständigen, ein Bewusstsein von der Geschichtlichkeit der eigenen Existenz, die Bereitschaft zur Selbstverantwortung und Verantwortung in der Gesellschaft.

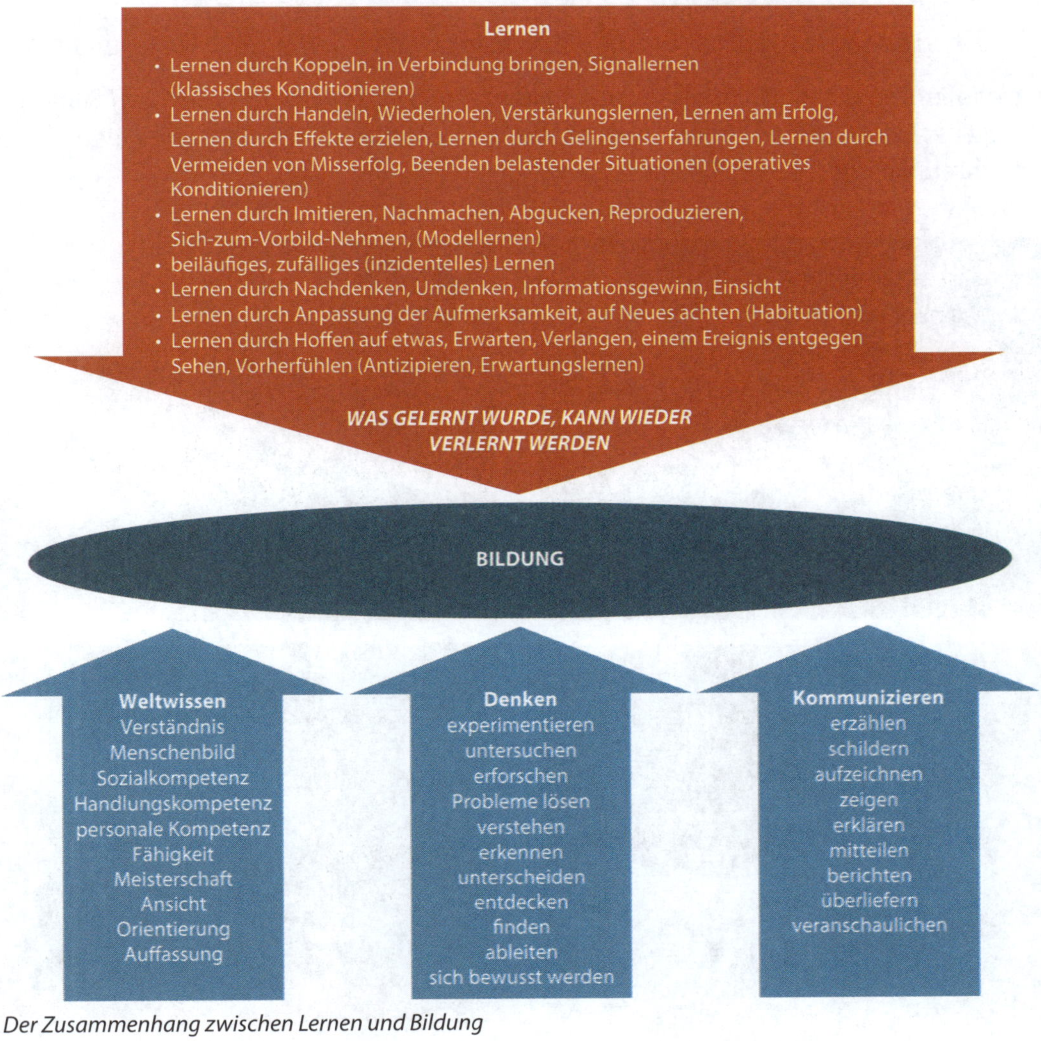

Der Zusammenhang zwischen Lernen und Bildung

Bildung in der Frühpädagogik ist nach unserem Verständnis das Eingehen auf kindliche Bedürfnisse, die umgebende Lebenswelt eigenständig, im eigenen Lerntempo und nach individuellen Aneignungsstrategien kennenzulernen, sich seine Lerngelegenheiten zu suchen, sich in seiner Lebenswelt zurechtzufinden und sich zu behaupten, sich Wissensbestände anzueignen, ihre Bedingungen durch eigenes Handeln den eigenen Bedarfen anzupassen, Resonanz zu finden und sinnvoll zu handeln. Wir gehen davon aus, dass jedes Kind sich in seinem sozialen Netz sein Weltwissen entsprechend seinen Ausgangsbedingungen konstruiert, d. h. das auswählt, was es braucht. Dazu gehört eine dialogische Haltung der Erwachsenen: Sie nehmen das Kind als kompetenten Partner wahr, trauen ihm etwas zu, vertrauen ihm, erwarten von ihm Dialogangebote und treten mit ihm in den Dialog. Sie geben sich und dem Kind Verantwortung für den Dialog und für das, was beide Seiten tun oder unterlassen.

Aufgabe 8

Im Folgenden finden Sie sechs Bilder von Kindern in unterschiedlichen Lern- und Erfahrungssituationen.
Betrachten Sie die Bilder genau und wählen Sie ein Bild aus.

- *Welches Bild haben Sie gewählt und was hat Ihre Wahl veranlasst?*
- *In welcher Situation befindet sich das Kind? Womit beschäftigt sich das Kind gerade? Was sagen seine Mimik und Gestik zum gerade ablaufenden Erfahrungsprozess aus? Was erstaunt oder berührt Sie als Betrachterin?*
- *Was will das Kind wohl gerade bewirken, herausfinden, veranlassen? Gelingt ihm das?*
- *Hat es dafür einen Plan?*
- *Welchen Erfahrungsgewinn macht das Kind vermutlich gerade? Woran erkennen Sie das?*
- *Nehmen Sie sich das Schaubild zum Zusammenhang zwischen Lernen und Bildung zur Hilfe. Welche Art des Lernens ist erkennbar? Welche Elemente von Bildung wie Weltwissen, Denken, Kommunizieren können Sie entdecken?*

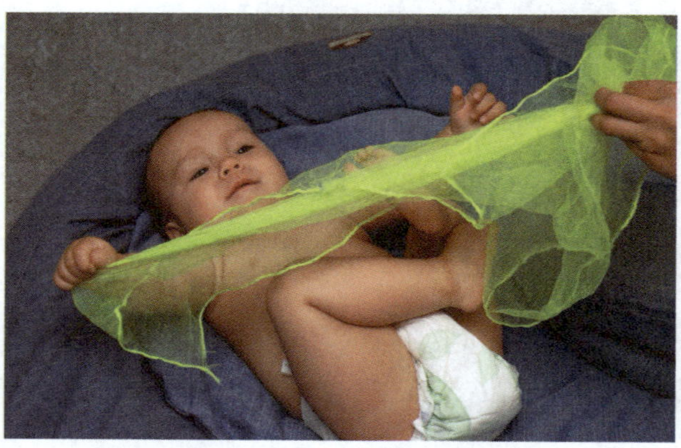

Kinder in unterschiedlichen Lernsituationen

2.2.2 Wie kleine Kinder lernen

Neugierde als Lernmotor

Neugier ist eine der wichtigsten Antriebskräfte für das frühkindliche Lernen. Neugier schafft die Verbindung zwischen den Kindern und den noch unbekannten Dingen ihres Lebensraums. Sie sorgt dafür, dass ein Kind sich seine Umwelt erobert, aneignet, verfügbar macht. Neugier ist das typische Verhalten in „aktiven" Phasen, genauso wie Daumenlutschen und Schlafen typische (Rückzugs-)Verhaltensweisen in „passiven" Phasen sind. Die Motivation, etwas zu wagen und Energie zu investieren, wird durch den hohen Aufforderungsgehalt von Dingen angeregt, die neben den vertrauten Seiten auch unbekannte Elemente enthalten.

Aufgabe 9

Erinnern Sie sich an Ihre eigene Lerngeschichte und vergleichen Sie zwei Situationen, in denen Sie etwas gelernt haben:

- *eine Situation, in der Ihre Neugier Sie dazu angeregt hat, sich mit unbekannten Inhalten zu beschäftigen*
- *eine Situation, in der Sie für eine Klassenarbeit gelernt haben*

Wie haben Sie gelernt? Aus welcher Situation haben Sie die Inhalte besser behalten?

Wenn beispielsweise am Altgewohnten etwas plötzlich fragwürdig oder klärungsbedürftig erscheint (z. B. ungewohnte, überraschende oder irritierende Geräusche, Farben, Tastempfindungen oder Bewegungen), weckt das die kindliche Wissbegierde. Und wenn sich die interessante Situation zudem als ungewiss oder konfliktreich offenbart, ist dies ein idealer Auslöser für das Erkundungsverhalten. Besondere Faszination gewinnen Forschungsvorhaben, bei denen das Kind genau merkt, dass sie den Interessen der Erwachsenen zuwiderlaufen (vgl. S. 160–163 im Lehrbuch).

Beispiel: *Jon erspäht eine rote Tulpe in der Vase, klettert auf den Stuhl, um heranreichen zu können, und zieht sie tropfend nass heraus, sodass das kühle Wasser auf die Knie rinnt. Er umfasst die Blüte, ertastet die zarten roten Blütenblätter, drückt und zerpflückt sie. Plötzlich wird Jon energisch gebremst, nämlich bei dem eifrigen Versuch, die Blume in den Mund zu stecken, um den knackigen Stiel zu zerkauen.*

Aufgabe 10

- *Was erregt Jons Neugier? Was treibt ihn an, was begeistert ihn?*
- *Welche Strategien und Wege wendet er an, um die Tulpe zu erforschen? Warum hält er so lange durch?*

- *Welche Rolle spielt dabei die Erzieherin, die den ganzen Vorgang beobachtet?*
- *Was erfährt und lernt Jon während seines Experiments über die anfangs noch unbekannte Blume?*
- *Am besten ordnen Sie die Erfahrungen Oberbegriffen zu, zum Beispiel: Farbe, Form, Konsistenz, Bezeichnung, Handhabbarkeit. Welche wären hier noch wichtig?*
- *Beschreiben Sie ähnliche Erfahrungen von sich selbst.*
- *Schildern Sie Erlebnisse mit Kindern Ihrer Gruppe, in denen die Neugier als Lernmotor wirkte. Gliedern Sie die gemachten Lernerfahrungen auf wie oben. So wird wiederum deutlich, dass Tätigkeiten, die in den Augen Erwachsener banal oder unnütz, wenn nicht gar lästig erscheinen, für ein kleines Kind einen unverzichtbaren Schatz an Weltwissen enthalten.*

Wie wir gesehen haben, ist jeder Gegenstand, der neu, aber nicht zu unvertraut ist, zunächst eine Sensation, ein **faszinierendes Objekt**: Die Neugier treibt das Kind, ihn auf dem direkten und einfachen Weg seiner Erfahrung zu erproben und zu untersuchen.

Beispiel: *Tobi bleibt meist so lange wie möglich am Tisch sitzen und probiert nicht nur die Nahrungsmittel, sondern auch, was sich damit machen lässt. Heute hat er beim Auffüllen auf seinen Teller sorgfältig das grüne und das weiße Gemüse der Größe nach geordnet nebeneinander gelegt. Dann hat er aus der Schüssel mit Bedacht die größte Kartoffel ausgewählt. Jetzt versucht er, die Kartoffel als Ganzes in den Mund zu stecken.*

Aufgabe 11

- *Was will Tobi erreichen?*
- *Welche Sinne setzt er dabei ein, und welche Handlungen sind notwendig, um etwas über das Essen zu erfahren?*
- *Welche Informationen bekommt er – und was lernt er dabei?*
- *Welche Probleme könnten auftauchen? Wie wird er sie vielleicht lösen?*
- *Braucht er Unterstützung?*

Von Anfang an ist jedes Kind ein aktiv lernendes und sich auf vielerlei Weisen Erkenntnisse aneignendes Kind. Die Lernprozesse jedes Kindes sind einmalig, vielschichtig, verlaufen nach unterschiedlichen Regeln und haben verschiedene Beschleunigungsgrade. Nicht nur die eigene Erfahrung, auch das soziale Umfeld befördern Lernprozesse – je älter das Kind wird, desto mehr. Diese Prozesse versuchen verschiedene Entwicklungstheorien zu erklären. Weil aber jede nur einen begrenzten Ausschnitt aus der Vielfalt zeigen kann, lohnt es sich, einen Vergleich anzustellen. Dazu brauchen Sie die Informationen aus dem Lehrbuch S. 97–101.

Aufgabe 12

*Bitte ordnen Sie die folgenden Beispiele bestimmten **Lerntheorien** und **Lernformen** zu.*

Susy, 14 Monate alt, kommt seit einigen Tagen mit ihrer Mutter in die Kita. Jedes Mal beginnt sie zu weinen und klammert sich an die Mutter, wenn die Tür der Kita in Sicht kommt.

Daniel, zwei Monate alt, liegt auf der Krabbelmatte. Von der Decke herab hängt ein Glockenband. Aus Versehen berührt Daniel eines der Glöckchen, das zu klingeln beginnt. Jetzt patscht er plötzlich häufiger und erregt in der Luft herum. Er hat entdeckt, dass er das Glöckchen durch Rudern mit den Armen in Bewegung und zum Klingen bringen kann.

Gespannt hat Tom (1 Jahr, 8 Monate), der erst seit einem Monat in der Kindergruppe ist, Jana beim Frühstückmachen und bei den Aufräumarbeiten beobachtet. Er hat gesehen, dass fast alle Kinder mithelfen. Nun türmt er aufeinander, was er erreichen kann: mehrere Müslischalen, einen Teller, den großen Becher, mehrere Gläser. Stolz trägt er den ganzen Stapel zum Teewagen. Ächzend und aufgeregt vor sich hin sprechend versucht er, das Geschirr hineinzustellen.

Ole, 2 Jahre alt, schlägt seit mindestens fünf Minuten die beiden Holzelefanten mit Getöse aneinander und auf den Rand des Sandspieltischs. „Hör sofort auf damit!", ruft Tanja, die Praktikantin. „Hier ist es sowieso schon so laut!" Ole lacht und schlägt noch lauter zu.

Aufgabe 13

Was ist bei dem letzten Beispiel passiert? Zu welcher Reaktion würden Sie Tanja raten?

Kinder lernen schnell den Zusammenhang zwischen Handlung und Belohnung. Die Lerntheorie nennt verschiedene Formen von Belohnung (Fachbegriff: Verstärker):

- **Positive Verstärkung bedeutet:** Ein Verhalten wiederholt sich eher, wenn es eine angenehme Wirkung nach sich zieht. Für Ole sind das der Krach und die interessante Reaktion von Tanja.
- **Negative Verstärkung bedeutet:** Ein Verhalten wiederholt sich eher, wenn es zum Aufhören einer negativen Situation führt. Wenn Tanja mit Geschrei erreicht, dass Ole mit dem für ihre Ohren unangenehmen Krach aufhört, wirkt das als negativer Verstärker: Sie wird häufiger laut werden.

Ein Verstärker erhöht immer die Wahrscheinlichkeit, dass ein Verhalten häufiger auftritt. Die Reaktionen auf Bestrafung dagegen sind sehr unterschiedlich, ein Grund, aus dem negative Verstärker und Bestrafung nicht miteinander verwechselt werden sollten!

Aufgabe 14

Wenden Sie diese theoretischen Überlegungen auf die folgenden Beispiele an, indem Sie die Tabelle auf der nächsten Seite vervollständigen.

Verhalten des Kindes	Reaktion der Erwachsenen	Wirkt als positiver oder negativer Verstärker? Begründung?	Andere Reaktionsmöglichkeit der Erwachsenen
Tom „nervt“ im Morgenkreis.	Er kommt deshalb beim Spielen nicht dran.		
Dina hilft jedem Kind, das etwas braucht oder sich wehgetan hat.	„Sie ist unser Mütterchen“, sagt die Erzieherin.		
Susy scheint unzufrieden zu sein und fängt an zu quengeln.	Die Mutter steckt ihr schnell den Schnuller in den Mund.		
Finchen stört die anderen Kinder beim Einschlafen.	Die Erzieherin: „Wenn du nicht aufhörst, musst du allein nebenan schlafen!“		
David, 2 Jahre, beißt sich heftig in die eigene Faust, wenn er etwas „Verbotenes“ getan hat.	Er bekommt dann einen Klaps oder die Mutter zieht im Handschuhe an.		
Jan (2 Jahre, 3 Monate) schlägt öfter beim Spielen um sich, um seinen Platz zu behaupten.	„Er ist eben ein richtiger Junge“, sagt der Vater zur Erzieherin.		
Simon schubst morgens jedes Kind, das ihm im Gruppenraum begegnet.	Die Mutter gibt ihm einen Klaps auf die Hand und droht mit Fernsehentzug.		
Wenn Sina (2 Jahre, 1 Monat) traurig oder gelangweilt ist, verlangt sie nach Süßigkeiten.	Die bekommt sie meistens sofort.		
Yellek (13 Monate) ist das jüngste Kind in der Gruppe. Seine Eingewöhnung dauerte lange, und er weint immer noch, wenn seine Mutter den Raum verlässt.	Rita, die Erzieherin, gibt ihm sein „Trösterchen“, einen von fünf verschiedenen Schnullern, sobald er während der Abwesenheit seiner Mutter anfängt zu weinen.		

Aufgabe 15

Für Yellek verbinden sich mehrere Eindrücke miteinander:

1. *Das Gefühl von Einsamkeit: „Mama ist nicht da …“*
2.
3.
4.

- *Vervollständigen Sie diese Liste.*
- *Beschreiben Sie für diese gelernten Zusammenhänge*
  - *mögliche Folgen in der Kita,*
  - *mögliche Folgen zuhause,*
  - *mögliche Folgen in späterem Alter.*

Signallernen erfolgt, wenn mindestens zwei Eindrücke oder Reize wiederholt gemeinsam auftreten. Bei traumatischen Erlebnissen genügt manchmal auch das einmalige gemeinsame Auftreten, wie zum Beispiel die Kombination „Hund" und „Beißen". Haben Sie dafür Beispiele in unserer Tabelle gefunden?

2.2.3 Phasen kognitiver Entwicklung erkennen

***Beispiel:** „Für mich ist ein Kind erst nach dem dritten Lebensjahr ein ernst zu nehmender Mensch", sagte unlängst ein Vater zur Erzieherin Ella. „Ich kann erst etwas mit den Lütten anfangen, wenn ich vernünftig mit ihnen reden kann. Vorher sind sie einfach dumm. Lassen Sie mich mit dem ganzen Bildungskram in Ruhe, das bringt doch nichts!"*

Dass dieser Vater unrecht hat, haben uns Forscher schon seit den 1920er-Jahren bewiesen. Um 1930 entwarfen Verhaltensforscher, Mediziner und Psychologen (z. B. Carl Rogers (1902–1987), Jean Piaget (1896–1980) und Maria Montessori (1870–1952)) Theorien der geistig-seelischen Entwicklung des Menschen, die in ihren Grundaussagen auch heute noch die Phänomene frühkindlicher Entwicklung erklären können (vgl. Kapitel 3.1.2 im Lehrbuch).

Aufgabe 16

- *Von welchen Annahmen gingen die Forscher aus?*
- *Wie macht ein Kind nach diesen Annahmen die nächsten Entwicklungsschritte?*

Neue Ergebnisse der Hirnforschung belegen, dass Kinder, denen es ermöglicht wird, in ihrem eigenen Rhythmus und den eigenen Interessen folgend zu lernen, Selbstvertrauen und Selbstständigkeit entwickeln und das Gelernte nutzen, um darauf aufzubauen. Jedes Kind spürt und sucht intuitiv die Entwicklungsreize und Impulse, die es gerade braucht. Oft ist es schwierig, seinen Erkenntnisweg nachzuvollziehen. Dazu ein Beispiel:

***Beispiel:** Tiemo (1;9) hat gelernt, auf einen kleinen Hocker zu steigen. Seit etwa zwei Wochen schleppt er diesen Hocker jetzt von Ort zu Ort, am liebsten in die Nähe von Lichtschaltern und Wasserhähnen. Dann steigt er hinauf, reckt sich so weit wie möglich hoch, streckt die Arme und knipst das Licht an und wieder aus, an und wieder aus oder er dreht den Wasserhahn auf und zu, auf und zu. Das Ganze wiederholt er so lange, bis ein neuer Gegenstand seine Aufmerksamkeit fesselt. „Das kann man ja nicht aushalten!", stöhnt Jasmin. „Er müsste doch mal was Neues ausprobieren! Immer das Gleiche! Ich finde es schon fast bedenklich. Ob sich dieses Verhalten zu einem Tic auswächst?"*

Aufgabe 17

- *Welcher Lerngewinn könnte für Tiemo in den ständigen Wiederholungen stecken?*
- *Was ist ein Tic? Schlagen Sie im Lexikon nach.*
- *Ist die Befürchtung, es könnte daraus ein Tic entstehen, berechtigt?*
- *Haben Sie in Ihrer Praxis ähnliche Verhaltensweisen von Kindern bemerkt? Wie lange haben die Kinder es beibehalten und wann wurde es von ihnen beendet? Was kam danach?*

Auslöser für jeden Lernvorgang auch bei Erwachsenen ist eine Unstimmigkeit, eine Irritation: Das Neue passt nicht mehr zum bereits Gelernten. Eine Korrektur wird notwendig. Piaget war der Auffassung, dass jeder Mensch vom ersten Augenblick seines Lebens an mit solchen Irritationen fertig werden muss. Jede neue Erfahrung ist eine Störung in unserem Weltbild, die wir baldmöglichst versuchen zu beheben. Das gelingt uns durch Assimilation, Akkomodation und Äquilibration. (Die Erklärungen zu den Begriffen finden Sie auf S. 109 f. des Lehrbuchs.)

Aufgabe 18

Bitte ordnen Sie die folgenden Beispiele den drei Begriffen Assimiliation, Akkomodation und Äquilibration zu:

1. *Eines Tages steht Tiemo vor einer Activity-Wand und betrachtet einen großen, roten, runden Knopf. Wenn man ihn dreht, erklingt ein Glöckchen. Tiemo drückt mit dem Zeigefinger drauf – es passiert nichts. Tiemo zögert, betrachtet dann seinen Zeigefinger, fasst mit der ganzen Hand den Knopf an, patscht auf den Knopf, zieht daran, ruckelt ihn hin und her und bringt dann eine Drehbewegung zustande.*
2. *Tiemo hat gerade gelernt, einen Lichtschalter durch Eindrücken zu bedienen. Seit einiger Zeit sucht er jeden Knopf, jeden Hebel, jeden Vorsprung, der irgendwo aus einem Gerät ragt, und drückt mit dem Zeigefinger drauf, zuerst vorsichtig, dann ungeduldiger, heftiger und rascher. Obwohl es ihm oft nicht gelingt, mit dem Drücken etwas zu bewirken, versucht er es immer von Neuem.*
3. *Als Tiemo merkt, dass er mit der Druckbewegung seines Zeigefingers nichts bewirkt, zögert er und betrachtet ihn nachdenklich. Offenbar merkt er, dass er jetzt etwas anderes tun muss.*

Für diese drei Vorgänge (Assimilation, Akkomodation und Äquilibration) brauchen wir Arbeitsmittel oder Handwerkzeug. Solche „Werkzeuge" heißen in der Darstellung Piagets „Schema" (Mehrzahl: Schemata). Piaget beschreibt zwei Formen von Schemata: *Handlungsschemata und kognitive Schemata* (vgl. S. 110 f. im Lehrbuch).

Aufgabe 19

*Bitte schreiben Sie hinter die folgenden Begriffe jeweils ein **(H)** für Handlungsschema oder ein **(K)** für kognitives Schema*

***Beispiele:** etwas ergreifen (H), die Benennung „Wau, Wau!" für alle vierbeinigen Tiere (K)*

- *Tiemo klettert auf jedes erreichbare Hindernis*
- *Vincy (1;6) fragt: „Ella Arm?"*
- *Nina (0;8) bohrt mit dem Zeigefinger ein Loch in den Sand*
- *Daniel (0;11) betrachtet fast zehn Minuten lang abwechselnd zwei verschiedene Joghurtbecher, die er in der Hand hält*
- *Julia (0;8) beginnt laut zu weinen, als die neue Praktikantin den Raum betritt*
- *Jan (0;10) folgt mit den Blicken der Richtung von Ellas ausgestrecktem Zeigefinger, der auf einen Vogel vor dem Fenster weist*
- *Sissi (0;8) betrachtet Ellas ausgestreckten Zeigefinger und sagt: „Dadadada."*
- *Ralph (1;9) stampft mit den Füßen und dreht sich dabei um sich selbst*

Bis zum Alter von 18 bis 24 Monaten durchlaufen die Erkenntnisprozesse der Kinder laut Piaget eine charakteristische Reihe von sechs Entwicklungsphasen, die zwar verschoben auftreten können, von denen jedoch keine übersprungen oder rückgängig gemacht werden kann und die nicht streng altersabhängig sind.

Aufgabe 20

- *In der folgenden Tabelle finden Sie in der linken Spalte eine kurze Beschreibung der einzelnen Phasen der sensomotorischen Intelligenz nach Piaget. Leider ist die Reihenfolge durcheinandergeraten. Bitte bringen Sie sie in den richtigen Zusammenhang.*
- *In der rechten Spalte sind zehn Beispiele gelistet. Leider sind auch die Beispiele durcheinandergeraten. Bitte ordnen Sie diese den Beschreibungen der Phasen in der linken Spalte zu.*

Beschreibung der Phase	Beispiele
Phase____ Kinder beginnen, Handlungen absichtlich zu wiederholen, mit denen sie unabsichtlich spannende Effekte erzielt haben. Das äußert sich z. B. darin, dass sie mit den Materialien, die ihr besonderes Interesse geweckt haben, ausdauernd auf den Tisch hämmern, Türen unablässig und lautstark öffnen und schließen oder ausdauernd in den Tischeimer patschen. Und sie merken, dass sich mit demselben Objekt unterschiedliche Dinge tun und bewirken lassen. Sie suchen jetzt nach Gelegenheiten, um sich als Verursacher von Veränderungen in der dinglichen Umwelt erleben zu können. Sie entwickeln ein erstes Bewusstsein dafür, die Welt aktiv mit- und umgestalten zu können. Grundlegende Bedeutung bekommt jetzt das „Mitmachen“: bei Vorbereitungen für Mahlzeiten, beim Saubermachen, bei allem, was die Erzieherinnen in der und für die Gruppe tun, weil die damit verbundenen Tätigkeiten zum Wiederholen geradezu einladen. Für die Erwachsenen können die effektbetonten Aktionen der Kleinsten zur Strapaze werden, denn sie sind nun mal mit deutlichen Sinneswahrnehmungen – sprich Krach und Unordnung – verbunden. ***Phase____*** Zu Beginn des zweiten Lebensjahres setzen Kinder kognitive Strategien in Verbindung mit den bekannten Handlungsschemata ein, um mit den Dingen zu experimentieren. Der Unterschied zur Phase davor liegt darin, dass das Kind systematisch die ihm bekannten Möglichkeiten eines Objektes anwendet, um bestimmte Ziele zu erreichen. Ist die Aktion erfolgreich gewesen, wird sie auf andere Tätigkeiten übertragen. ***Phase____*** Wenn Kinder einen großen Vorrat an Handlungsschemata angelegt haben, fangen sie an, diese als *Mittel* zu benutzen um damit einen bestimmten *Zweck* zu erreichen. Sie wenden Fertigkeiten an (z. B. Greifen, Schieben, Ziehen, Drücken), um damit etwas zu erreichen oder eine schwierige neue Situation zu meistern. Kinder auf dieser Entwicklungsstufe entdecken in den alltäglichen Verrichtungen und Abläufen eine ungeheure Vielfalt an Wirkungsmöglichkeiten, um Ursachen, Wirkungen und Kausalbeziehungen zu erkunden. Kinder merken: Mit demselben Gegenstand	***Beispiel 1 (passt zu Phase____)*** Mila spielt auf einer Decke. Um sie herum sind mehrere Spielzeuge verteilt. Viktoria legt ihr ein kleines Stoffschäfchen in die Nähe, Mila krabbelt zielgerichtet darauf los. ***Beispiel 2 (passt zu Phase____)*** Mila sitzt im Autositz und weint. Die Autotür neben ihr, die sie nicht sehen kann, wird geöffnet. Sie hört auf zu weinen. ***Beispiel 3 (passt zu Phase____)*** Viktoria versucht zu verstehen, dass es eine Zeit gab, in der sie noch nicht auf der Welt war. Die Erzieherin erklärt ihr, dass auch ihre Mama und Papa eines Tages geboren wurden und vorher nicht auf der Welt waren. Ihre besorgte Frage lautet: „Waren Mila und ich da ganz alleine?“ ***Beispiel 4 (passt zu Phase____)*** Nina reagiert mit allen Anzeichen freudiger Erregung, wenn Musik erklingt. Wenn das rote Holzkugelbündel über ihrem Bett zur Seite geschoben wird, versucht sie, ihm mit weit offenen Augen zu folgen, und sabbert dabei vor Aufregung. In Bauchlage reckt sie den Kopf hoch in Richtung der Lampe neben dem Wickeltisch. Sie versucht, sich abzustützen, obwohl ihr das noch nicht gelingt. Wenn sie beim Wickeln auf dem Rücken liegt, scheint sie Strampelvariationen zu üben, sodass das Anlegen der Windel schwieriger wird. Wenn sie ein neues Spielzeug sieht, bewegt sie aufgeregt die Arme in seine Richtung. ***Beispiel 5 (passt zu Phase____)*** Für Daniel ist das Sattwerden beim Essen offenbar Nebensache. Viel wichtiger scheint zu sein, was mit der Quarkspeise passiert. Schmeckt sie immer noch wie Quarkspeise, wenn sie neben den Teller, auf das Knie oder auf den Boden verteilt wird? Wie weit lässt sich durch Patschen, Verschmieren, Kleckern und Hineindrücken die Quarkspeise auf dem Tisch ausdehnen? Wie verhalten sich bei gleicher Behandlung ein kleiner Schluck oder ein halber Becher Milch? Ist es dann immer noch Milch? Und womit lässt sich das Verteilen bewerkstelligen? Mit dem Löffel, dem Zeigefinger, der Faust, oder der flachen Hand? Die Erzieherin Ella beobachtet, wie Daniel, nachdem er dieses einige Male ausprobiert hat, Bescheid weiß. Neuerdings isst er ohne Matschen und Schmieren und beobachtet genau, was die Kinder mit dem Essbesteck tun. ***Beispiel 6 (passt zu Phase____)*** Jelena wird eine Viertelstunde nach ihrer Geburt zum ersten Mal an die Brust gelegt und saugt sofort los. Ohne Probleme verläuft in der nächsten Zeit die Nahrungsaufnahme. Sie hat schon beim ersten Mal verstanden, wie das Trinken funktioniert. In den ersten Tagen saugt Jelena nur an der Brust. Nach einiger Zeit entdeckt sie den eigenen Daumen. Einige Zeit später erwischt sie ihren Bettzipfel. Jelenas Mutter bemerkt, dass Jelena sich beruhigen lässt, wenn man ihr den kleinen Finger zum Nuckeln hinhält. ***Beispiel 7 (passt zu Phase____)*** Lucy hat gelernt, dass sie auf viele Gefäße Deckel stülpen kann, auf Trinkbecher, Teedosen, Schuhkartons. Auf dem Tisch steht eine Cremedose mit Schraubverschluss, neben der der Deckel liegt. Lucy ergreift ihn und stülpt ihn auf die Dose – er fällt ab. Sie versucht es

lassen sich unterschiedliche Dinge bewirken. Und das probieren sie aus, unermüdlich und beharrlich –, wenn man sie lässt. Dabei sind die von den Erwachsenen gesetzten Ziele und Zwecke der verschiedenen Gegenstände völlig egal. Interessant sind allein die Veränderungen, die das Kind durch eigene Aktivität bewirken kann.

Phase ____

Kinder denken, bevor sie handeln. Sie können jetzt Lösungen für ein Problem „erfinden", ohne sie ***vorher*** ausprobiert zu haben. Vorstellungen und Erinnerungen sind dafür die Grundlage. Damit sie nicht bei jedem Problem „von null anfangen" müssen, achten sie darauf, wie ältere Kinder und Erwachsene es angehen. Das Nachahmungslernen wird besonders bedeutungsvoll. Auf dieser Stufe können Kinder sich an eine Handlungsabfolge aus der Vergangenheit erinnern und sie im Hier und Jetzt anwenden. Sie können sich z. B. problemlos in „ihren" Räumen in der Kita und zu Hause zurechtfinden, wissen, wo was hingehört und wo sie etwas finden, das sie brauchen werden. Sie bekommen eine genauere Vorstellung von Zeit. Das zeigt sich daran, dass sie sich an vorgegebene Reihenfolgen (z. B. in der Handlung eines Bilderbuches oder in Fingerspielen) erinnern. Weil dieses Zeitverständnis noch sensibel ist, bestehen sie pedantisch darauf, dass Abfolgen eingehalten werden (z. B. Fixpunkte im Tagesablauf, Rituale beim Tagesbeginn und -ende).

Phase ____

Schon vor der Geburt haben Kinder eine Reihe von Reflexen ausgebildet. (z. B. den Saug-, Greif-, und Schreitreflex). Diese bereiten das Nervensystem und die Muskulatur auf die späteren bewusst gesteuerten Bewegungen vor und erleichtern die Anpassung nach der Geburt. In den drei ersten Monaten wenden Babys ihr Reflex-Repertoire auf vielseitige Weise an und verändern ihr Reflexverhalten, um es besser anzupassen.

Phase ____

Schon nach dem zweiten Monat kann man beobachten, dass Kinder einfache Handlungen bewusst wiederholen, die nicht zu den Reflexen gezählt werden. Dazu gehören das Strampeln, das Bewegen der Arme, das (zuerst noch unbewusste) Lächeln, das Fixieren von Gegenständen oder das Lauschen in Richtung eines aufregenden Geräuschs. Trifft z. B. der Blick auf einen stark farbigen Gegenstand, so wird der ausgiebig betrachtet. Babys bilden Gurrlaute in unterschiedlicher Tonmodulation und machen mit verschiedenen Arten des Schreiens auf sich aufmerksam.

noch einmal, schlägt ihn auf die Dose drauf und steckt ihn quer hinein. Doch alles ist vergeblich, er will nicht halten. Jetzt setzt sie sich hin und versucht es in Ruhe. Erst als sie die Hand dabei dreht, kommt sie zum Ziel. Sie hat die Schraubbewegung entdeckt. Von jetzt an sind Zahnpastatuben und Schraubflaschen kein Problem mehr. Aber Lucy muss erst noch ermitteln, dass Zuschrauben eine andere Bewegungsrichtung erfordert als Aufschrauben.

Beispiel 8 (passt zu Phase ____)

Vincy hat gelernt, sich am Tisch zum Stehen hochzuziehen, auf dem Tina gerade eine Garage aus Bauklötzen gebaut hat. Er möchte das glänzend rote Auto haben, das in der Garage steht. Deshalb räumt er kurzerhand das störende Hindernis (die mühselig gebaute Garage) weg. „Blöder Vincy!", brüllt Tina. Vincy ist völlig verwirrt. Warum sind Tina und die Erzieherin nicht erfreut darüber, dass ihm das gelungen ist?

Als die Erzieherin Ella neulich mit einem Schuh am Fuß durch die Gruppe lief, kicherte Vincy. Er sah den Schuh unter dem Sofa und sah Ella auffordernd an, damit Ella ihn holen und anziehen könnte.

Vincy kann jetzt auch Schranktüren öffnen, um einen (weggestellten) Schaumkuss herauszuholen. Auf der Stufe davor hätte er sich damit begnügt, ausdauernd und mit Krach die Tür auf- und zuzuschlagen.

Beispiel 9 (passt zu Phase ____)

Tim hat noch vor einer Woche geweint, wenn die Erzieherin seinen Schnuller vor seinen Augen in seinen Rucksack steckte. Heute kichert er. Als Ella die Schnur zugezogen hat, zeigt er in Richtung seines Faches und sagt auffordernd „Öh, öh!".

Ella ist aufgefallen, dass er in letzter Zeit zunehmende Geschicklichkeit im Umgang mit Dingen erlangt hat und sich auf bestimmte Handlungen schon vorweg richtig einzustellen vermag. Er öffnet z. B. weit die Arme und Hände, wenn die Erzieherin einen Ball hineinlegen will. Er scheint auch eine erste Ahnung von Zeit zu haben. Das erkennt Ella daran, dass er am frühen Nachmittag wiederholt in Richtung Fenster robbt, offenbar in Erwartung seiner Eltern. Beim Spielen scheint er Worte zu verstehen wie „noch einmal" – „nicht noch einmal", „vorher" – „nachher", „gleich" – „nicht mehr".

Beispiel 10 (passt zu Phase ____)

Vincy beobachtet, dass Timm jeden Morgen nach dem Frühstück den „Tischeimer" holt und konzentriert Wasser auf der Platte verteilt, es dann mit dem Lappen aufsaugt und – das bemerkt Vincy nicht – dabei alle Krümel und Milchreste wegwischt. „Timm ist unser Großer, Tüchtiger", bemerkt die Erzieherin dazu. Einige Tage später nuckelt Vincy müde und traurig an seinem Daumen, anstatt zu frühstücken. Unbemerkt steht er auf und kommt Timm mit dem Eimerholen zuvor. Er schüttet eine Wasserlache auf den Tisch mitten zwischen Teller, Brotkörbe und Becher. Er patscht mit dem Lappen darin herum und sieht dabei die Erzieherin erwartungsvoll an.

Beispiel 11 (passt zu Phase ____)

„Wasser ist?", fragt Vincy und versucht, mit seinem Gummistiefelabsatz ein Loch in das dicke Eis einer Pfütze zu stoßen. Als er es nicht schafft, hält er einen Augenblick inne, blickt auf das Eis und läuft dann gezielt auf einen Stein zu. Den ergreift er, ohne zu zögern, rennt zurück zur Pfütze und schlägt mit dem Stein so lange auf das Eis, bis durch ein kleines Loch Wasser hochsickert.

Aufgabe 21

- *Stellen Sie bitte einen „Praxiskoffer" zusammen. Das ist ein dekorativ bemalter Karton oder Koffer, der für jede Entwicklungsstufe Materialien enthält, die die Kinder faszinieren, interessieren und die zum Handeln und Erforschen anregen.*
- *Orientieren Sie sich bei der Zusammenstellung des „Praxiskoffers" an den sechs Stufen der sensomotorischen Intelligenz nach Piaget. Stellen Sie für jede Stufe eine Reihe von passenden Materialien bereit.*
- *Was könnten die Kinder Ihrer Meinung nach mit den einzelnen Objekten tun? Was soll es zu untersuchen und zu entdecken geben? Was könnte die Kinder überraschen und zum Staunen bringen?*
- *Entspricht das Tun der Kinder Ihren Erwartungen? Oder gehen die Kinder ganz anders als erwartet mit Ihrem Angebot um? Welche Erfahrungen machen Sie tatsächlich mit Ihrem Praxiskoffer? Was tun die Kinder mit den einzelnen Materialien? Auf welche neuen Ideen kommen Sie und die Kinder dabei?*

2.3 Unterstützung von Lernprozessen

Scaffolding

Scaffolding ist ein Begriff, der von dem amerikanischen Entwicklungspsychologen Jérôme Bruner zuerst 1976 für die Unterstützung kindlicher Lernprozesse angewandt wurde und in jüngster Zeit häufiger in der Literatur zur Frühpädagogik auftaucht. Er kommt aus dem Englischen und heißt übersetzt „Gerüst". Gemeint ist das Unterstützen kindlicher Lernprozesse durch strukturierte Orientierungshilfen, Anregungen, Hilfestellungen und Anleitungen. Sie werden einem Kind angeboten, wenn die zu lösenden Probleme seine Kompetenzen und Wissensbestände übersteigen. Es soll ihm ermöglicht werden, neue Anforderungen weitestgehend ohne fremde Hilfe zu bewältigen. Elemente des Scaffolding können beispielsweise sein:

- mit Anregungen und Fragen auf den Kompetenzen, Wissensbeständen, Fragen und Interessen der Kinder aufbauen
- etwas zeigen oder demonstrieren
- zum Nachahmen anregen
- erklären
- anleiten
- Impuls gebendes Fragen
- verstärken über Bestätigen, Wertschätzung und Anerkennung

Die Unterstützung wird beendet, wenn das Kind sein Problem selbstständig bewältigt hat. Scaffolding soll die Eigeninitiative, Kreativität und Problemlösefähigkeit herausfordern. Erwachsene nehmen dem Kind idealerweise dabei weder Lösungen ab noch Ergebnisse vorweg.

Jerome Bruner sah eine Parallele seiner Arbeiten zu denen des russischen Psychologen Lew Wygotski (1896–1934), dem wir die Theorie der „Zone der proximalen Entwicklung" verdanken (vgl. Wygotski, 2002, S. 326 ff.). Kernpunkte seiner Theorie sind:

1. Die Konstruktion von Wissen und Kompetenzen geschieht fast ausschließlich über soziale Interaktion, also im Kontakt und Austausch mit anderen (Lernenden und Erwachsenen).

2. Zwischen dem aktuellen Lernniveau, das das Kind selbstständig durch Experimentieren und Erproben erreichen kann, und dem, das es durch Impulse Erwachsener im Sinne des Scaffolding erreichen könnte, besteht ein Unterschied.

3. Dieser Unterschied wurde von Wygotski „Zone der proximalen Distanz" genannt (von lat. „proximus": der Nächste); dieser Unterschied interessierte ihn besonders.

Auf die Zone der proximalen Distanz sind beim Scaffolding die Bemühungen der Erwachsenen gerichtet.

- Sie verdeutlichen dem Kind, warum es wichtig ist, eine bestimmte Kompetenz zu erreichen.
- Sie sorgen mit stufenweise geplanten Anregungen dafür, dass das Kind nicht von seinem Lernprozess abweicht, damit es sein Ziel erreicht.
- Dem Kind wird gleich zu Anfang gezeigt, wann ein Problem zufriedenstellend gelöst ist, aber nicht, wie es zu lösen ist. Erwachsene geben dem Kind Tipps für Hilfsquellen und Erleichterungen, damit Frustrationen und unnötige Umwege vermieden werden.
- Vor dem Angebot planen Erwachsene das Vorhaben Schritt für Schritt durch, damit vermeidbare Probleme ausgeschlossen werden und das Kind auf jeden Fall zu einem positiven Ergebnis gelangt.

Aufgabe 22

- *Erinnern Sie sich nun noch einmal an die Kerngedanken von Carl Rogers, Maria Montessori und Jean Piaget (vgl. S. 108–110 im Lehrbuch) zum Lernen kleiner Kinder.*
- *Überprüfen Sie die Erläuterungen zum Scaffolding und zu Ausführungen Wygotskis zur „proximalen Distanz".*
- *Was entspricht ihren Darstellungen dessen, was frühkindliches Lernen ausmacht? Was widerspricht ihnen?*
- *Welche Anregungen des Scaffolding würden Sie in Ihrer Arbeit mit den Jüngsten aufgreifen?*
- *Welche würden Sie eher vernachlässigen und warum?*

Aufgabe 23

Im Lehrbuch auf den Seiten des Kapitels 2.4.2.4 finden Sie vier Beispiele, in denen Erwachsene kindliche Lernprozesse anregen:

1. *„Beschäftigungen" für Rasmus, der mit 1;6 Jahren noch krabbelt, anstatt zu laufen*
2. *Verlaufsbeschreibung zur Auseinandersetzung mit dem Thema „Sommer"*
3. *Verlaufsbeschreibung zum Thema „Erfahrung mit Papier"*
4. *Verlaufsbeschreibung eines Angebots zum Thema „Vögel"*

   - *Welche unterschiedlichen Vorgehensweisen lassen sich erkennen?*
   - *Machen die Erzieherinnen ihre Angebote im Sinne von Aussagen Rogers' und Montessoris?*
   - *Woran erkennen Sie das?*
   - *Inwiefern sind Übereinstimmungen mit dem, was Sie über Scaffolding gelesen haben, erkennbar bzw. nicht erkennbar?*

2.4 Beobachten und dokumentieren

Die neuseeländischen Wissenschaftlerinnen Margaret Carr und Helen May erarbeiteten im Rahmen einer umfassenden Bildungsreform zwischen 1991 und 1996 ein Curriculum als Instrument zur Erfassung frühkindlicher Bildungsprozesse. Dabei ging es ihnen nicht um das Aufdecken von Entwicklungsverzögerungen mit dem Ziel einer defizitorientierten Förderung. Stattdessen wollten sie tiefere Einblicke in den Sinn und die Bedeutung kindlicher Handlungen und die daraus erwachsenden Lernerfahrungen gewinnen. Sie wollten Kindern Voraussetzungen schaffen, die ihnen wirkungsvolles Handeln in ihrer alltäglichen Umwelt in der Kita ermöglichen sollten. Verbunden mit dem Curriculum war ein von Carr entwickeltes Beobachtungsverfahren (vgl. Carr, 2001). Für Deutschland wurde das Projekt zwischen 2001 und 2004 auf Bedingungen hiesiger Frühpädagogik hin untersucht und 2007 vom Deutschen Jugendinstitut (DJI) als „Bildungs- und Lerngeschichten" veröffentlicht (vgl. Leu u. a., 2007). Die Lerngeschichten verankern in der Beobachtung und Dokumentation frühkindlicher Lernprozesse emotionale, kognitive und soziale Elemente. Sie arbeiten gleichzeitig das wechselseitige Aufeinanderwirken von Kind und Lernumwelt heraus. Die Ergebnisse können als Grundlage sowohl für den Dialog mit den Kindern selbst über ihre eigenen Lernerfahrungen als auch als Basis für Teamkonferenzen und Gespräche mit Eltern dienen.

Sie sind eine verständliche und zugängliche Möglichkeit für alle am Kind interessierten Personen, um Einsicht in Vorgänge und Probleme zu gewinnen, die das einzelne Kind beschäftigen und faszinieren, die es bearbeiten und bewältigen muss und bei denen es möglicherweise Unterstützung und Anregung braucht. Es geht nicht vordergründig um die Frage, ob ein Kind altersgemäße motorische oder kognitive Fähigkeiten erbringt, sondern darum, welche Strategien und Verfahren ein Kind anwendet, um in seiner Lebenswelt wirkungsvoll zu handeln und deren Aufgaben adäquat zu bewältigen. Jeder Arbeitsschritt basiert auf den grundlegenden Prinzipien:

- Achtsamkeit, Empathie und Respekt vor den Wahrnehmungen, Absichten und Handlungen des Kindes
- Ermöglichen von Partizipation und Selbsttätigkeit
- Wahrung der Würde des Kindes
- Einhaltung der Rechte des Kindes
- Beteiligung des Kindes und dialogisches Vorgehen auf allen Stufen der Entstehung der Lerngeschichte und ihrer Dokumentation

„Learning Stories" („Bildungs- und Lerngeschichten") sind nach Carr subjektive Beschreibungen und Erzählungen dessen, was die beobachtende Erzieherin vom Tun eines Kindes, von seinen Absichten, Handlungen und Motiven in einer ausgewählten Situation wahrnimmt und mitteilt. Beobachtungsschwerpunkte sind

- kindliche Absichten, Interessen und Handlungsziele in Alltagssituationen sowie
- die Art und Weise, wie das Kind sich in diesen Alltagssituationen verhält und seine (Lern-)Interessen kundtut und verwirklicht.

Grundlage jeder Beobachtung ist die Aufmerksamkeit für die jeweilige ***Lerndisposition eines Kindes***. Sie beschreibt laut Carr die Motivation, mit der ein Mensch Lerngelegenheiten herstellt, erkennt, auswählt, eingrenzt oder erweitert (vgl. Leu u. a., S. 49). Die Lerndispositionen beschreiben die Bereitschaft eines Kindes für die Auseinandersetzung mit neuen Anforderungen, seine Motivation, seine Bewältigungsstrategien. Wir können sie auch mit „Lernvoraussetzungen" beschreiben. Die Lerndisposition ist eine entscheidende Voraussetzung für das entdeckende Lernen und den Umgang mit neuen Anforderungen. Carr unterscheidet fünf Formen von Lerndispositionen:

- interessiert sein
- engagiert sein

- standhalten bei Herausforderungen und Schwierigkeiten
- sich ausdrücken und mitteilen
- an der Lerngemeinschaft mitwirken und Verantwortung übernehmen

Zusätzlich sollte noch Folgendes mitbedacht werden:

- Ist das Kind bereit? („Being ready")
- Nimmt es die Situation als Lerngelegenheit wahr? („Being willing")
- Besitzt es die Fähigkeit, mit dem Lerngegenstand angemessen umzugehen? („Being able") (vgl. Leu u. a., S. 50)

Und schließlich steht jede der fünf Lerndispositionen noch im Zusammenhang mit folgenden Faktoren (vgl. Carr, 1998):

- *Zugehörigkeit:* Nur ein Kind, das sich sicher in einer Gemeinschaft aufgehoben fühlt, kann Interesse für seine Umwelt aufbringen.
- *Wohlbefinden*: Nur wenn die kindlichen Grundbedürfnisse erfüllt sind und ein Kind sich wohlfühlt, kann es Energie und Neugier für neue Lernerfahrungen aufbringen.
- *Exploration*: Nur wenn ein Kind Zeit und Möglichkeiten für „freie Forschung" erhält, lässt es sich durch auftretende Probleme oder Hindernisse nicht von seinem Ziel abbringen.
- *Kommunikation*: Nur wenn ein Kind sich in seinen Ausdrucksmöglichkeiten wahrgenommen und verstanden fühlt, ist es bereit, sich mitzuteilen.
- *Partizipation*: Sich einbringen, mitgestalten und die eigenen Angelegenheiten mitbestimmen ist ein grundlegender „Lernmotor" (vgl. S. 179 ff. im Lehrbuch „Frühpädagogik").

Aufgabe 24

Bitte betrachten Sie die folgende Bildsequenz „Tom und Lenni beim Milchtrinken". Welche Aussagen könnten Sie nach vorsichtiger Einschätzung – schließlich handelt es sich um Fotos – zu den Lerndispositionen der beiden Kinder treffen?

Lenni (rechts) hat sich so viel Milch eingeschenkt, dass für Tom (links) nichts mehr übrig bleibt. Lenni will seine Milch mit Tom teilen.

Die Erzieherin Jana gibt Tom und Lenni eine volle Milchpackung und zeigt ihnen, wie man sie am besten festhält.

Es ist noch ein bisschen Milch in der Packung.

Jetzt traut sich auch Tom, die Milch nachzufüllen.

Leider können wir Ihnen in einem Buch keine Praxissituationen vorstellen, anhand derer Sie den Umgang mit den „Bildungs- und Lerngeschichten“ erproben könnten. Im Folgenden stellen wir Ihnen deshalb auf Fotos Nadiye (0;9) in der Alltagssituation „Frühstücken“ vor.

Aufgabe 25

Bitte teilen Sie sich in Kleingruppen auf. Jede bearbeitet für sich folgende Fragen zur Bildsequenz „Nadiye und das Kindermesser“ (siehe unten):

1. *In welcher Situation befindet sich Nadiye?*
2. *Was sind Ihrer Einschätzung nach ihre Ziele? Woran erkennen Sie das?*
3. *Wie erreicht sie ihre Ziele?*
4. *Fühlt das Kind sich zugehörig? Woraus könnten Sie das schließen?*
5. *Fühlt das Kind sich wohl? Woran erkennen Sie das?*
6. *Ist das Kind interessiert? Woran ist das zu erkennen?*
7. *Untersucht, exploriert das Kind? Was ist sein Untersuchungsobjekt?*
8. *Ist das Kind engagiert? Welche Anhaltspunkte sprechen dafür oder dagegen?*
9. *Hat das Kind mit Schwierigkeiten und Problemen zu kämpfen? Welche sind das?*
10. *Woran erkennen Sie, ob das Kind etwas mitteilen bzw. ausdrücken will?*
11. *Ist das Kind an einem gemeinsamen Lerngegenstand beteiligt? Auf welche Weise? Was ist sein Anteil?*
12. *Am Anfang wollte Nadiye lediglich das Messer anfassen. Welche Lernerfahrungen hat sie sich zusätzlich verschafft?*

Nadiye und das Kindermesser

Anschließend setzen Sie sich bitte mit den anderen Gruppen zusammen und vergleichen Ihre Ergebnisse.

Wo gibt es übereinstimmende Deutungen, wo weichen Sie voneinander ab?

Überlegen Sie zum Schluss gemeinsam, welche neuen Herausforderungen Nadiye möglicherweise brauchen könnte (z. B. Material, Anregungen).

Vielleicht finden Sie in Ihren eigenen Fotos eine ähnliche Handlungssequenz, die Sie in den Kleingruppen bearbeiten und anschließend vergleichen könnten.

Für die Beobachtung von Kindern in Ihrer Praxisgruppe können dann folgende Angaben hilfreich sein als Grundlage für eine Teamkonferenz oder ein Gespräch mit Eltern:

Beobachtungsbogen „Bildungs- und Lerngeschichte"

Name des Kindes:	Alter:
Datum:	Uhrzeit (von/bis):
Beobachter/-in:	Beobachtung Nr.:

Beschreibung der Ausgangslage:

Beschreibung des Handlungsverlaufes:

Der nächste Schritt ist die Beteiligung des Kindes. Carr empfiehlt, dem Kind die Fotos von ihm zu zeigen, ihm zu erzählen, was darauf zu sehen ist, und das Besprochene anschließend in Form eines Briefs an das Kind festzuhalten (vgl. Leu u. a., 2007, S. 179).

Aufgabe 26

- *Schreiben Sie Nadiye einen Brief, in dem Sie ihr erzählen, was Sie mit ihr beim Frühstück erlebt haben.*
- *Stellen Sie sich vor, Sie wollten die Fotos und den „Brief an das Kind" für eine Zusammenkunft mit Nadiyes Eltern vorbereiten, auf der Sie die Eltern über die Lernprozesse ihrer Tochter informieren wollen. Welche Erkenntnisse und Unterstützungsmöglichkeiten könnten sich für die Eltern ergeben?*

Die Beobachtungsergebnisse, Fotos und Notizen sowie die anschließend an die Kinder geschriebenen Briefe sind eine gute Grundlage für eine Einschätzung kindlicher Entwicklungsverläufe in Teamgesprächen. Hier könnten folgende Fragen besprochen werden:

- Zeigt sich ein roter Faden über mehrere Beobachtungen?
- Welche Tätigkeiten wählt das Kind wiederholt?
- Welche lässt es aus? Wie erklärt sich das?
- Was finden wir bemerkenswert?
- Werden die Interessen, Handlungen, Ideen des Kindes vielschichtiger?

- Welche Kompetenzen und Strategien nutzt das Kind auch bei anderen Gelegenheiten?
- Wo ändern sich seine Fragen, Kommentare, Beschreibungen zu dem, was es tut?
- Was ist in der Planung zu verändern, damit den Absichten und Handlungsmöglichkeiten des Kindes stärker entsprochen werden kann?

Wir haben die Erfahrung gemacht, dass Erzieher zunächst mit den Bildungs- und Lerngeschichten unzufrieden sind und sich standardisierte „Beobachtungsbögen", möglichst zum „Ankreuzen", wünschen.

Aufgabe 27

- *Können Sie diesen Wunsch nachvollziehen?*
- *Unter welchen Umständen würden Sie*
  Bildungs- und Lerngeschichten nutzen?
  Normierte Beobachtungsbögen wählen?

3 Beziehung und Interaktion

- Überlegungen zur eigenen Berufsrolle anstellen
- Eine professionelle Haltung weiterentwickeln und festigen
- Partizipation ermöglichen
- Übergangssituationen kind- und elterngerecht durchführen
- Bindung und Beziehung herstellen
- Die Phasen der Eingewöhnung gestalten
- Ankommen und Nachhausegehen als wichtige Übergangssituationen gestalten
- Kommunikation fördern und Kommunikationsformen entwickeln
- Sprache vermitteln
- Die eigene Einstellung zur Mehrsprachigkeit überprüfen
- Mit Eltern und Angehörigen zusammenarbeiten
- Im Team zusammenarbeiten

Beim Durcharbeiten des folgenden Kapitels erfahren Sie etwas über die möglichen Zusammenhänge zwischen eigenen biografischen Erfahrungen (zum Beispiel in der frühen Kindheit, in der Familie) und dem späteren pädagogischen Handeln in der Arbeit mit jungen Kindern. Sie setzen sich mit Ihrem Bild vom Kind auseinander, das Ihrem Konzept zugrunde liegt. Sie erarbeiten sich einige wichtige Aspekte zum Thema „professionelle Haltung“ und entwickeln verschiedene Möglichkeiten, um Partizipation auch für die Jüngsten wirksam zu ermöglichen.
Ein Schwerpunkt dieses Kapitels bezieht sich auf das Thema „Bindung und Beziehung“. Sie setzen sich mit Unterschieden und Ähnlichkeiten zwischen elterlicher Bindung und professioneller Beziehung auseinander und übertragen Ihre Kenntnisse auf die Aspekte pädagogischer Arbeit, in denen Bindung und Beziehung besonders bedeutsam sind: auf den Bereich der Transitionen (Übergangssituationen), vornehmlich in der Eingewöhnung junger Kinder in das Zusammenleben in der Kita. Hier erarbeiten Sie sich Hilfen und Anregungen, die den Jüngsten das Zurechtfinden erleichtern können.
Der zweite Schwerpunkt bezieht sich auf die sprachliche und mimisch-gestische Kommunikation. Wie „entschlüsseln“ wir die Botschaften von Kindern, die (noch) nicht sprechen, die zweisprachig aufwachsen oder eine andere Muttersprache haben? In welcher Abfolge verlaufen die Schritte des Spracherwerbs? Und wie können wir den Kita-Alltag nutzen, um sprachliche Prozesse und Kompetenzen anzuregen?
Und schließlich geht es um das brisante Thema „Zusammenarbeit“ – mit den Eltern und im Team, und hier besonders um die verschiedenen Seiten einer Botschaft im Dialog. Es gilt herauszufinden, was sie in den Kommunikationspartnern auslösen können und wie angemessen darauf zu reagieren ist – besonders dann, wenn es um heikle Themen und Probleme geht.

3.1 Überlegungen zur eigenen Berufsrolle anstellen

Eine wesentliche Voraussetzung für Ihre Zusammenarbeit mit Eltern und Mitarbeiterinnen besteht in der Auseinandersetzung mit eigenen Zielvorstellungen für die Arbeit. Zur Einstimmung lesen Sie bitte den unten stehenden Leserbrief.

> *„So ein Baby schläft am Anfang hauptsächlich. Es trinkt und dann schläft es, bis es wieder trinken will. Sehr unterhaltsam. Mütter könnten die Babys gut ins Büro nehmen, neben sich in der Wiege lassen oder im Nebenraum mit Babyfon. (…) Wenn das Kind anfängt zu laufen und zu sprechen und nicht mehr oder nicht mehr nur an der Mutterbrust trinkt, sollte es andere Kinder kennenlernen.“*
> *(Ahme, 2009, S. 9)*

Aufgabe 1

Schreiben Sie eine Entgegnung, aus der Ihre Vorstellungen über die Arbeit mit Kleinstkindern hervorgehen.
Jeder macht sich Vorstellungen davon, „wie Kinder sind“, auch wenn uns diese Bilder nicht immer bewusst sind. Mit der nächsten Übung wollen wir diese Vorstellung Ihnen mehr in das Bewusstsein bringen.

Welches Bild passt am besten zu Ihren Vorstellungen?
Sind Kleinkinder:

- *Pflanzen, die gut wachsen, wenn man sie pflegt?*
- *Forscher und Entdecker ihrer Welt?*
- *Rohmaterial, dem Erziehende eine Form geben?*

Welche Vergleiche fallen Ihnen zusätzlich zu den gegebenen noch ein? Sind Kinder ein Geschenk oder ein schwerer Rucksack? Wenn Sie mögen, zeichnen Sie diese Bilder. Wahrscheinlich ist Ihnen eines der Bilder besonders nah, aber im Alltag werden sie meist wechseln.

Aufgabe 2

Wie sehen Sie Ihre eigene Rolle? Überlegen Sie sich Situationen, in denen Sie sich

- *als Gärtner,*
- *als Begleitung eines Entdeckers,*
- *als Architekt oder*
- *in einer anderen Rolle sehen.*

Aufgabe 3

Je nachdem, welches Bild vom Kind Sie haben, werden Sie ganz unterschiedliche Ziele in der Arbeit mit den Kleinstkindern verfolgen. Auch diese Zusammenhänge sollten Sie sich bewusst machen. Versuchen Sie, ihnen näherzukommen, indem Sie sich konkrete Situationen vorstellen. Überlegen Sie sich für die folgenden Situationen, wie Sie reagieren würden, und suchen Sie dann ein Bild, das am besten zur Ihrer Rolle passt.

Situation	Reaktion	Bild
Janina (0;11) patscht mit ihrem Löffel in die Soße.		
Derya (2;0) möchte auf einem Spaziergang einen Hund streicheln, der zu knurren beginnt.		
Karla (1;6) möchte rausgehen, aber keinen Mantel anziehen. Dabei sind es nur 10 Grad Außentemperatur.		

Aufgabe 4

Nehmen Sie ein Blatt Papier und schreiben Sie Ihren Namen von oben nach unten. Schreiben Sie dann neben jeden Buchstaben Ihre ganz persönlichen Arbeitsziele. So machen Sie aus Ihrem Namen Ihr Programm.

Aufgabe 5

Wenn Sie eine Vorstellung von Ihren persönlichen Zielen gewonnen haben, sehen Sie sich einmal das Konzept Ihrer Praxiseinrichtung an.
Wo finden Sie Übereinstimmungen? Woran haben Sie nicht gedacht? Was entspricht nicht Ihren Vorstellungen?

3.2 Eine professionelle Haltung weiterentwickeln und festigen

Die Grundhaltung der in der Kita tätigen Menschen ist der wichtigste Baustein, der die unterschiedlichen Elemente des Arbeitsalltags positiv oder negativ beeinflusst, zusammenhält oder auseinanderfallen lässt – wie der Querbalken im Dachstuhl. Sie bestimmt in erster Linie die Orientierungs- und Prozessqualität, aber auch die Strukturqualität in der Einrichtung.

Dreh- und Angelpunkt ist dabei eine respektvolle, achtsame und wertschätzende Haltung anderen Menschen und uns selbst gegenüber, verbunden mit Zurückhaltung und Absichtslosigkeit. Nach Gonzalez-Mena ist diese Grundhaltung geprägt durch die **„drei R“** (Respekt, Reagieren und Reziprozität, vgl. Gonzalez-Mena/Widmeyer-Eyer, 2008, S. 31):

Aufgabe 6

Auf Seite 191 ff. im Lehrbuch finden Sie eine Beschreibung dessen, was unter den 3 R zu verstehen ist. Bitte geben Sie zu jedem R Beispiele aus dem Alltag in ihrer Praxisgruppe.

Aufgabe 7

- *Welche kurz- und langfristigen Folgen können sich einstellen, wenn ein fünf Monate altes Kind öfter schreit, zum Beispiel weil es Hunger hat oder unter Trennungsangst oder Einsamkeit leidet, und als Reaktion entweder Schweigen oder die Antwort bekommt: „Indianderherz kennt keinen Schmerz“ oder „Schreien kräftigt die Lungen“ oder „Wenn wir hier auf jedes Schreien sofort eingehen würden, hätten wir nur damit zu tun“?*
- *Zeichnen Sie eine Mindmap zum Thema: „Professionelle Haltung in der Kita“: Im Mittelpunkt steht der Begriff „Haltung“, die Abzweigungen können beschriftet werden mit „Aufmerksamkeit“, „Feinfühligkeit“, „Respekt“, „Wertschätzung“.*
- *Überlegen Sie bitte für sich selbst, an welchen Punkten im Zusammenleben mit Kleinstkindern für Sie Schwierigkeiten entstehen, wenn Sie an die Verwirklichung der drei R in Ihrer täglichen Arbeit denken. Sie können dazu ein Bild mit Farb- oder Formsymbolen oder auch gegenständlich malen und mit einer Partnerin oder einem Partner aus der Lerngruppe darüber sprechen.*

3.3 Partizipation ermöglichen

Merksatz

Partizipation ist Demokratie. Sie bedeutet laut Deutschem Bildungsserver „das Sich-Einbringen von Kindern und die Einbeziehung von Kindern in Entscheidungs-, Willensbildungs- und Handlungsprozesse, die das gemeinsame Zusammenleben in der Kita sowie das Lebensumfeld von Kindern betreffen“ (Deutscher Bildungsserver, 2009, abrufbar unter: http://www.bildungsserver.de/Partizipation-von-Kindern-4426.html). Partizipation ist also – kurzgesagt – Mitbestimmung in den eigenen Angelegenheiten.

Beispiel: *Momentan steht an der Fachschule, die die angehende Erzieherin Nina besucht, das Thema „Partizipation“ auf dem Lehrplan. Die Studierenden sind aufgefordert, dazu Beispiele aus ihrer Praxis beizutragen.*
Nina ist unsicher. Sie hat den Eindruck, dass das Thema in der Arbeit mit Kindern bis zu drei Jahren noch nicht relevant sei.
Nina wendet in einem Gespräch ein: „Wo sollen so junge Kinder schon mitbestimmen? Sie können ihre Meinung ja noch nicht einmal sprachlich äußern.“

Aufgabe 8

- *Welche Meinung haben Sie dazu?*
- *Setzen Sie sich mit Ihrer Arbeitsgruppe an einen Tisch. Jeder hat ein Blatt Papier vor sich und schreibt drei Sätze auf, die seine Meinung verdeutlichen. Nach ungefähr drei Minuten werden die Papiere nach rechts weitergereicht. Jeder kommentiert die Sätze, die auf seinem neuen Blatt stehen. Dieser Vorgang wird wiederholt, bis jeder „sein" Papier wieder in Händen hält.*
- *Gibt es in der Arbeitsgruppe unterschiedliche Positionen? Halten Sie diese in einer Pro- und Kontra-Tabelle fest.*

Übrigens: Die Bildungsempfehlungen der Länder erwarten von Ihnen eine Position für Partizipation. Wir wollen jetzt auf die Praxis in einer Kleinstkindergruppe eingehen.

> ***Beispiel:*** *Die angehende Erzieherin Nina ist zu Besuch in der Kleinstkindergruppe der Einrichtung „Krümelkiste", in der zwölf Kinder im Alter zwischen acht Monaten und drei Jahren betreut werden.*
> *Es ist 08:30 Uhr und die Praktikantin Anja bereitet zusammen mit der Erzieherin Anne das Frühstück vor. Anja hat die Aufgabe, für jedes Kind eine Schnitte Vollkornbrot mit Käse und Leberwurst zu belegen, einen Becher Saft einzuschenken und alles auf den Tisch zu stellen. „Das Obst wird am Tisch verteilt, weil wir vorher nicht abschätzen können, wie viel die Kinder essen werden", erklärt sie. Als sie elf Teller mit Brot und einen mit Obstbrei gefüllt hat, verteilt sie sie auf dem Tisch. „Wir nehmen Plastikgeschirr, das geht nicht so leicht kaputt." Auf die Frage Ninas nach Besteck und Tischschmuck antwortet sie: „Das ist für diese Altersgruppe noch überflüssig. Die meisten füttern wir, und die Größeren sind so mit ihrem Essen beschäftigt, da brauchen sie das noch nicht. Zu viel auf dem Tisch ist Reizüberflutung, sie spielen nur damit herum."*
> *Als alles vorbereitet ist, holt sie die Kinder einzeln, setzt sie auf die Lehnstühlchen und schiebt diese unter den Tisch. Dann bindet sie den Kindern liebevoll große Lätzchen um, die sie unter den Teller schiebt. „Das machen wir, um den Teppichboden zu schonen", berichtet sie Nina. „Und die Kinder lernen dabei auch gleich: Gekleckert wird nicht und mit Essen spielt man nicht. Kinder brauchen Grenzen und sollen früh erfahren, wie man richtig isst." Als alle Kinder sitzen, klatschen sie gemeinsam in die Hände und singen: „Piep, piep, piep, wir haben uns alle lieb. Guten Appetit!"*
> *Während der Mahlzeit setzen sich die Erwachsenen an den Tisch für die Erzieherinnen und trinken dort ihren Kaffee. Anja darf Mia (0;8) mit dem Obstbrei füttern. Dazu setzt sie das Mädchen seitlich auf ihren Schoß, schiebt dessen rechten Arm zwischen ihren und den Körper des Kindes und hält dessen andere Hand. „So haben wir es beide leichter, ich muss nicht immer Nein sagen und ihr das Herumschmieren verbieten." Noch bevor Mia den Mund richtig öffnet, schiebt Anja den gefüllten Löffel hinein. Nach kurzer Zeit ist Mia fertig und darf auf der Krabbelmatte spielen.*
> *Die anderen Kinder essen schweigend und genussvoll. Als ein Streit zwischen Carlos (2;2) und Jan (1;6) um ein Stück Banane entsteht, ruft Anne freundlich, aber bestimmt: „Oh, oh, oh, das machen wir hier doch nicht. Nachher könnt ihr toben!" Die Kinder sind sofort ruhig und lassen das Bananenstück liegen. Als die meisten fertig sind, sagt Anne: „Jetzt dürft ihr aufstehen." Sofort springen alle Kinder vom Stuhl auf und rennen in die Bauecke, wo sich ein Streit um das Feuerwehrauto entspinnt. Anne begibt sich dorthin, um den Streit zu schlichten.*

Aufgabe 9

- *Gehen Sie die geschilderte Frühstückssituation noch einmal durch und überlegen Sie, wo mehr Partizipation im Sinne von Mitbeteiligung auch der jüngsten Kinder wie Mia möglich wäre.*
- *Untersuchen Sie weiterhin die unterschiedlichen Aktivitäten im Tagesablauf nach Möglichkeiten, auch sehr jungen Kindern schon „Mitbestimmung über ihre Angelegenheiten" zu er-*

möglichen. Was können Kinder unter einem Jahr, Kinder von ein bis zwei Jahren und Kinder im dritten Lebensjahr beispielsweise selbst in den folgenden Situationen entscheiden?

- *beim Ankommen am Morgen*
- *im Morgenkreis*
- *beim Mittagessen*
- *in Pflegesituationen*
- *in der Ruhephase*
- *in der Spielphase am Vormittag und am Nachmittag*

- *Wie wirkt sich das Gewährleisten von Partizipation in der Unter-drei-Gruppe auf die Tätigkeiten der Erziehungskräfte aus? Gibt es mehr oder weniger Arbeit?*

3.4 Übergangssituationen kind- und elterngerecht durchführen

3.4.1 Bindung und Beziehung herstellen

Professionelle Beziehung und elterliche Bindung unterscheiden

Lange Zeit hat man geglaubt, dass die Trennung eines Kleinkindes von der Mutter das Baby grundsätzlich überfordert. Inzwischen wissen wir, dass viele Untersuchungen, die negative Auswirkungen der Trennung von Mutter und Kind beschrieben, wichtige Aspekte des Bindungsverhaltens außer Acht ließen. Sie unterschieden z. B. nicht zwischen der Trennung und dem Fehlen von Bezugspersonen und einer mangelnder Ansprache und fehlenden Anregungen. Wenn Kleinstkinderbetreuung außerhalb eines familiären Rahmens gelingen soll, müssen Bedingungen geschaffen werden, die das Kind in die Lage versetzen, zu einer Erzieherin eine Bindung aufzubauen.

Merksatz
Unter Bindung verstehen wir eine „anhaltende emotionale Beziehung zu einer Person, bei der das Kind Körperkontakt, Schutz und Geborgenheit sucht, vor allem in Situationen, in denen es sich unsicher, unbehaglich oder überfordert fühlt […]" (Jaszus, 2008, S. 136).

Aufgabe 10

- *Obwohl wir uns alle etwas unter Bindung vorstellen, ist es gar nicht so einfach zu beschreiben, wann ein Erwachsener für ein Kind zur Bezugsperson geworden ist. Beobachten Sie einmal in einem Filmausschnitt, in Ihrer Praxis oder im Alltag eine derartige Beziehung. Anhand welcher Merkmale erkennen Sie die gelungene Bindung?*
- *Sehen Sie noch einmal auf Ihre Notizen: Handelt es sich bei der von Ihnen beobachteten Beziehung um die eines Kindes zu einem Elternteil (oder anderen Verwandten) oder zu einer Erzieherin?*

Merksatz
Wir unterscheiden zwischen professioneller Beziehung und elterlicher Bindung. Die professionelle Beziehung stellt die Erzieherin zu den ihr anvertrauten Kindern her, während sich die elterliche Bindung aufgrund verwandtschaftlicher, persönlicher oder anderer nicht beruflich bedingter Faktoren entwickelt. Sie entsteht nicht ausschließlich Eltern gegenüber.

Aufgabe 11

- *Überprüfen Sie, ob Ihre Beobachtungen sich auf professionelle oder auf elterliche Bindung beziehen.*
- *Oder passen sie zu beiden Formen der Bindung?*

Die Unterscheidung dieser beiden Formen soll noch weiter vertieft werden. Denn sowohl Ihnen als professionellem Erzieher als auch den Eltern sollte klar sein, dass es sich nicht um ein Konkurrenzverhältnis handelt, sondern im besten Fall um eine Ergänzung zugunsten des Kindes (Informationen dazu finden Sie auf S. 196 ff. im Lehrbuch).

Aufgabe 12

- *Versuchen Sie, professionelle und elterliche Bindung zu unterscheiden, indem Sie zunächst die folgenden Aussagen einem Elternteil oder einem Erzieher zuordnen (oder beiden). Begründen Sie Ihre Wahl.*
  - *Lena ist mir das Wichtigste auf der Welt.*
  - *Ich bin den ganzen Tag für dich da. Aber abends gehe ich zu mir nach Hause.*
  - *Wenn du unglücklich bist, suchen wir nach Wegen, wie es dir wieder besser gehen kann.*
  - *Wenn du Ärger hast, bin ich voll und ganz auf deiner Seite.*
  - *Ich bin immer für dich da.*
  - *Wenn du unglücklich bist, geht es mir auch nicht gut.*
  - *Ich mag dich.*
  - *Wenn du Ärger hast, setzen wir uns alle zusammen und überlegen, was zu tun ist.*
  - *Ich hab dich lieb.*
  - *Wir werden ein oder zwei Jahre zusammen gehen. Dann wirst du deinen Weg ohne mich gehen.*
  - *Du kannst immer zu mir kommen.*
  - *Du bist mein Schatz.*

  Haben Sie selbst noch weitere Beispiele?
- *Um die Unterschiede zwischen professioneller und elterlicher Bindung noch weiter zu verdeutlichen, vergleichen Sie beide Formen mithilfe der Tabelle. Einige Kriterien haben wir vorgegeben, um Ihnen diesen Vergleich zu erleichtern (Lösungsvorschlag s. S.124).*

Professionelle Bindung	Elterliche Bindung	Unterscheiden sich bezüglich
		Zeit
		Distanz/Nähe

- *Ein zentraler Aspekt der professionellen Haltung ist „Feinfühligkeit" im Verhalten den Kindern gegenüber. Worin äußert sich Feinfühligkeit einer Bezugsperson? Warum trägt sie zu einer tiefgreifenden und tragfähigen Beziehung zu den Erwachsenen bei (Informationen auf S. 196 im Lehrbuch)*

3.4.2 Die Phasen der Eingewöhnung gestalten

Für jeden Menschen bedeuten Überganssituationen (Transitionen) Stress. Jeder Wechsel von einer vertrauten in eine „fremde" Umgebung, Anforderung oder Situation löst Belastungsreaktionen aus – auch bei Erwachsenen.

Aufgabe 13

- *Sammeln Sie an der Tafel auf Zuruf Situationen, in denen Erwachsene oder Kinder eine Transition zu bewältigen haben. Nehmen Sie anschließend drei Klebepunkte zur Hand und kleben Sie diese hinter die drei Merkmale, deren Bewältigung Sie am schwierigsten finden.*
- *Was macht die Transition so schwierig? Welche Form von Unterstützung könnte helfen?*

Eine für Kleinstkinder besonders folgenschwere Transition ist der Übergang von der Familie in die Kita, also in eine unbekannte Umgebung. Wenn sie nicht entsprechend vorbereitet und begleitet wird, kann sie tiefgreifende Ängste auslösen. Das Kind braucht so lange und so verlässlich seine vertrauten Bindungspersonen, bis es zu den Menschen in der Tageseinrichtung eine Bindungsbeziehung aufgebaut hat und sich auf diese verlassen kann, um den Ansprüchen der neuen Lebenswelt gerecht werden zu können

Zur „Einstimmung" in das Thema wollen wir Sie bitten, sich an eine Situation zu erinnern, in der Sie sich als Kind alleingelassen fühlten. Dazu hören Sie zunächst einen gesprochenen Text. Wenn Sie mit jemandem zusammenarbeiten, sollte eine Person den Text vorlesen und Ihnen Zeit für Ihre Überlegungen und Erinnerungen lassen. Arbeiten Sie alleine, nehmen Sie den Text am besten auf einen Tonträger auf und hören der Wiedergabe zu. Setzen Sie sich entspannt hin, schließen Sie eventuell die Augen und hängen Sie Ihren Gedanken nach.

Aufgabe 14

- *Versuche dich in eine Zeit zu versetzen, als du jünger warst als heute, viel jünger. Vielleicht bist du zehn Jahre alt, vielleicht auch fünf. Oder du weißt es nicht mehr so genau. Aber du erinnerst dich an eine Situation, in der du dich alleingelassen gefühlt hast. Stelle dir die Situation noch einmal möglichst genau vor. Was hast du gesehen? Was hast du gehört? Vielleicht hast du etwas gerochen? Was hast du gefühlt? Wie hast du dich verhalten? Hast du geweint? Warst du eher traurig oder stumm? Versuche, dich an deine Gesten und deine Mimik zu erinnern. Was hast du in dem Moment gebraucht? Von den Erwachsenen? Oder an Dingen? Wer hat dich unterstützt? Was hat dir gefehlt?*

  Wenn Sie so weit sind, kommen Sie wieder in die Gegenwart zurück.
- *Halten Sie Ihre Eindrücke in einem Bild oder einer Skizze fest.*
- *Tauschen Sie sich in einer Kleingruppe über Ihre Erfahrungen aus oder halten Sie die Ergebnisse auf der Rückseite des Bildes in kurzen Sätzen fest.*

Zur Auswertung können Sie die unten stehende Tabelle verwenden.

Was habe ich gefühlt?	
Was wollte ich jetzt (nicht)?	
Wie habe ich mich in meinem Körper gefühlt?	
Was brauchte ich jetzt (nicht)? Von wem?	
Was habe ich gesehen?	
Was habe ich gehört?	
Was habe ich gerochen/geschmeckt?	
Was habe ich gedacht?	
Was wollte ich tun?	
Was habe ich getan?	

Aufgabe 15

Ihrer Zusammenstellung können Sie entnehmen, worauf Sie achten müssen, wenn die Eingewöhnung eines Kindes in die Kleinstkindergruppe eine Chance auf Erfolg haben soll.

- *Vergegenwärtigen Sie sich noch einmal einen möglichen Ablauf dieses Prozesses (s. Kapitel 4.2.3.1 im Lehrbuch).*
- *Sind alle Punkte berücksichtigt, die sich aus Ihrer Rückerinnerung ergeben haben? Was würden Sie ändern oder ergänzen?*

Als Erzieherin wissen Sie, wie wichtig Zeit und Qualität der Eingewöhnung sind – nicht nur für sehr junge Kinder, sondern auch für die Eltern. Auch sie müssen lernen, eine Zeit lang die Sorge für ihr Kind anderen Menschen zu überlassen. Warum das so ist und wie Sie sich den Ablauf der Eingewöhnung vorstellen, werden Sie im Laufe Ihrer Berufstätigkeit häufig erläutern müssen.

Aufgabe 16

Bereiten Sie sich darauf vor, indem Sie die folgenden Aufgaben bearbeiten:

- *Notieren Sie sich die einzelnen Phasen und deren Beschreibung auf Karteikarten in Stichworten. Unterscheiden Sie dabei die Aufgaben der Erzieher und die der Eltern oder anderer Bezugspersonen, die das Kind bei der Eingewöhnung begleiten.*
- *Halten Sie anhand dieser Karteikarten einer Person einen Vortrag zum Thema: „Bei uns läuft die Eingewöhnungsphase so ab …", „Wir machen das so, weil …"*

Hier sehen Sie vier Fotos, die während der Eingewöhnungsphase entstanden sind. Links ist die Erzieherin Ella zu sehen, rechts die Mutter und in der Mitte Maria.

Aufgabe 17

Beantworten Sie anhand der Fotos auf S. 64 folgende Fragen:

- *In welcher Reihenfolge sind die Bilder wohl entstanden?*
- *Stellen Sie begründete Vermutungen darüber an, in welcher Phase der Eingewöhnung sie aufgenommen sein könnten.*
- *Beschreiben Sie, was Sie auf den Fotos sehen (ohne Wertungen oder Vermutungen).*
- *Nachdem Sie die Bilder in die richtige Reihenfolge gebracht haben, versuchen Sie einmal, sich nacheinander mit den drei gezeigten Personen zu identifizieren und ihre Gedanken in Worte zu fassen. Übertragen Sie die Grafik viermal auf ein Blatt Papier. Beschriften Sie dann die Sprech- bzw. Denkblasen.*

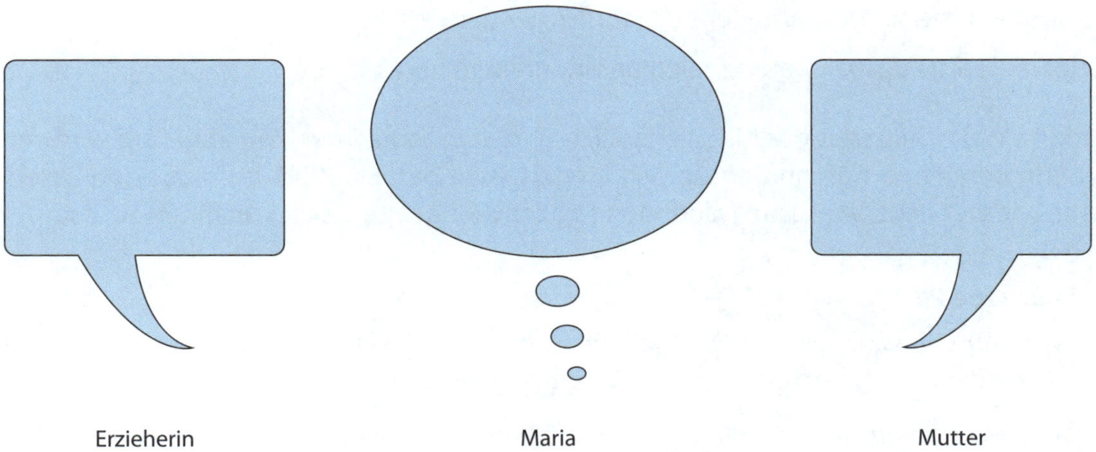

Falls in Ihren Überlegungen bisher die Bedeutung der Begrüßung, von Ritualen und Übergangsobjekten nicht aufgegriffen wurde, möchten wir sie hiermit ergänzen.

Eine **persönliche Begrüßung** des Kindes durch seine Bezugserzieherin sollte selbstverständlich sein. Nur so kann es sich willkommen und geborgen fühlen.

Aufgabe 18

Haben Sie – genau wie wir – schon einmal erlebt, dass diese Selbstverständlichkeit nicht überall eingehalten wird?

- *Sammeln Sie Erlebtes oder Erdachtes, aus dem hervorgeht, was alles bereits bei der Begrüßung schiefgehen kann.*
- *Kehren Sie dann die Situationen um und halten Sie fest, wie die Begrüßung verlaufen sollte.*

Merksatz

Rituale ***helfen Kindern, Situationen wiederzuerkennen und einzuordnen. Dazu gehört auch die Gewissheit: „Wenn ich Mama und Papa verabschiede, kommen sie trotzdem wieder." Derartige Rituale können z. B. sein: winken, Kuss geben, etwas von zu Hause auspacken oder die Lieblingsecke aufsuchen.***

Übergangsobjekte ***helfen den Kindern, den nächsten Entwicklungsschritt oder den Übergang von einer Situation zur anderen zu meistern, z. B. vom Wachen zum Schlafen oder von einer Bezugsperson zur anderen. Die Kinder entscheiden sich für ein Kuscheltier, ein Tuch oder einen Pulli, der nach Mutters Parfüm riecht.***

Aufgabe 19

Fragen Sie die Eltern, welche Bedürfnisse ihre Kinder haben und ob sie an bestimmte Rituale oder Übergangsobjekte gewöhnt sind. Falls das nicht der Fall ist, überlegen Sie gemeinsam, welche Objekte oder Rituale genutzt werden können.

Ob die Eingewöhnung in eine neue Gruppe und die Bindung an weitere Personen ein Erfolg wird, hängt nicht nur davon ab, wie sich die Trennung von den bisher bekannten Bezugspersonen gestaltet, sondern auch wesentlich von der Art und Weise, wie das Kind den Wechsel von der Kleinstkindergruppe zurück zum familiären Umfeld erlebt.

- Respektieren Vater und Mutter den neuen Bereich des Kindes, indem sie sich noch einen Moment aufhalten und das Abholen ankündigen?
- Beobachten sie das Kind beim Spielen?
- Informieren sie sich anhand der Aushänge über das Geschehen?
- Oder reißen sie das Kind aus Spielen und Kontakten heraus?

Wichtig ist weiterhin, dass das Kind verlässlich zu der abgemachten Zeit abgeholt wird, auf die die Erzieherin bereits im Aufnahmegespräch hingewiesen hat. Ein Kind, das auf seine Eltern warten musste, hat möglicherweise am folgenden Tag Schwierigkeiten, sich von ihnen zu lösen.

Aufgabe 20

Zum Abschluss dieses Kapitels möchten wir Ihnen noch einige Situationen aus der Praxis aufzeigen. Überlegen Sie sich jeweils, wie Sie vorgehen würden.

- *Welche Bedürfnisse der Kinder und Eltern vermuten Sie?*
- *Würden Sie die Eingewöhnungsphasen verändern?*
- *Wie könnten Sie die Eingewöhnung an die Bedürfnisse der Kinder und Eltern anpassen?*

***Beispiel:** Mike ist fünf Monate alt und seine Mutter hatte sich schon einmal mit ihm die Einrichtung angesehen. Jetzt ist sie ganz aufgeregt am Telefon: „Ich habe endlich eine Arbeit gefunden! In drei Tagen kann ich anfangen. Ist das nicht toll? Mike wird sich bei Ihnen sicher wohlfühlen. Ein Platz ist ja auch gerade frei, ich möchte meinen Sohn anmelden und bringe ihn dann in drei Tagen vorbei."*

***Beispiel:** Lara ist ein Jahr alt und soll sich in der Kita eingewöhnen. Sie wird von ihrer Mutter gebracht und zu den anderen Kindern gestellt. Dann setzt sich die Mutter auf die Heizung und sieht sich um. Lara geht zu ihr zurück. Sie wenden sich an die Mutter mit den Worten: „Wollen wir Lara nicht einmal gemeinsam die Einrichtung zeigen?" Laras Mutter winkt ab: „Ich bin froh, wenn ich mal sitzen kann. Lara soll sich hier auskennen, nicht ich."*

***Beispiel:** Heute ist Anja (1;6) neu in der Gruppe. Sie hat überhaupt keine Trennungsschwierigkeiten, läuft sofort in den großen Raum, in dem die anderen Kinder gerade spielen und beobachtet sie. Anjas Vater ist stolz: „Das haben wir uns gedacht. Unsere Anja ist sehr selbstständig. Wir haben für sie schon von Geburt an immer wieder Babysitter gehabt. Sie hat sich daran gewöhnt und nie Theater gemacht."*

***Beispiel:** Faruk (2;1) ist seit einem Vierteljahr in der Gruppe der unter Dreijährigen. Er hatte sich gut eingelebt, ging auf die anderen Kinder zu und nahm an ihrem Spiel teil, nachdem er sich von seiner Mutter verabschiedet hat. Die Verabschiedung wird aber jetzt zunehmend schwieriger. Sie dauert länger, Faruk lässt seine Mutter nicht los. Wenn sie ihm einen Abschiedskuss gegeben hat, bleibt sie noch einen Moment in der Tür stehen, um zu sehen, ob er sich auch wohlfühlt. Dann kommt er wieder zu ihr gelaufen und will sie nicht gehen lassen.*

3.4.3 Ankommen und Nachhausegehen als wichtige Übergangssituationen gestalten

Wie Sie in Kapitel 4.2.3 des Lehrbuchs nachlesen können, ist die Kindertagesstätte nach der Eingewöhnungsphase das zweite Zuhause der Kinder. Dort erwartet sie am Morgen als Erstes der Mensch, den sie während der ersten Tage und Wochen intensiv kennengelernt haben: die Bezugserzieherin oder der Bezugserzieher. Das ist die Person, die die Brücke zwischen den beiden Lebenswelten bildet und auf die es ankommt, wenn das Kind den Übergang von einer Welt in die andere allmorgendlich ohne größere Probleme bewältigen soll.

Denn auch wenn die Eingewöhnungsphase gut verlaufen ist und das Kind sich in seiner Gruppe schon lange heimisch fühlt: Ankunfts- und Abholphasen sind immer mehr oder weniger bedeutsame Abschiede, die von beiden Seiten zu verkraften sind. Auch wenn wir es einem Kind äußerlich nicht ansehen, so ist jeder Abschied von den Eltern verbunden mit Gefühlen wie loslassen müssen, sich auf Neues einstellen – eben eine Störung des Gewohnten. Die vergangenen Erfahrungen und Erlebnisse aus der ersten Lebenswelt „Familie" bringen alle Kinder morgens mit – und diese wirken nach. Sie wirken umso mehr nach, je weniger die Kinder dazu in der Lage sind, sie verbal oder nonverbal auszudrücken oder mitzuteilen. Nach Mienert (2007, S. 6–8) setzt jeder Mensch seine eigenen Strategien ein, um solche Abschiedssituationen in den Griff zu bekommen. Jede Übergangssituation – also sowohl die Ankunft am Morgen als auch der Abschied am Nachmittag – verläuft in drei Abschnitten, die mehr oder weniger deutlich zutage treten.

1. Die *Ablösungsphase*: Das Kind begreift, dass eine Veränderung unausweichlich ansteht, und setzt alle ihm momentan zur Verfügung stehenden Möglichkeiten ein, „um so zu tun, als ob es keine Veränderung geben wird" (Mienert, 2007, S. 6).
2. Die *Neuorientierungsphase*: Das Kind hat verstanden, dass eine neue Situation ansteht, und probiert unterschiedliche Reaktionsweisen aus, um sie zu bewältigen.
3. Die *Annahmephase*: Das Kind entdeckt die bereits vertrauten Aspekte der neuen Situation – schließlich kennt es die Erzieherin und die Gruppe in der Kita aus vielen vorhergegangenen Begegnungen. Jetzt nimmt es sie als Ausgangspunkt, um sich darin einzurichten, Kontakte aufzunehmen und sich wohlzufühlen.

Aufgabe 21

Vielleicht können Sie sich solche Strategien und Verarbeitungsphasen leichter vorstellen, wenn Sie sich eine ähnliche Übergangssituation aus Ihrer eigenen Kindheit vorstellen. Bitte nehmen Sie sich einige Minuten Zeit, um in Ihrer Erinnerung so weit wie möglich zurückzugehen:

- *Was für eine Situation fällt Ihnen ein? Wo waren Sie? Wer war noch dabei? Wo sollte es hingehen?*
- *Wie groß (im Verhältnis zu den Erwachsenen) waren Sie?*
- *Wie sind Sie mit der Situation umgegangen? Was haben Sie getan, was haben Sie vermieden?*
- *An welche Gedanken und Gefühle können Sie sich erinnern?*
- *Was hat Ihnen den Übergang erleichtert? Was hätten Sie gebraucht?*
- *Was überrascht Sie, wenn Sie an dieses Erlebnis zurückdenken?*

Aufgabe 22

Mienert schlägt zur Unterstützung der einzelnen Phasen eine Reihe von Möglichkeiten vor, die Erziehern zur Verfügung stehen. Einige führen wir im Folgenden sinngemäß auf. Bitte ordnen Sie diese den Phasen 1, 2 oder 3 zu. Auf welche Unterstützungsmöglichkeiten würden Sie verzichten? Warum?

1. *Die vertraute Bezugserzieherin ist als sichere Basis anwesend, um die neue Situation zu erleichtern.*
2. *Beim Erscheinen des Kindes nimmt sie es in die Arme und zeigt laut ihre Freude, weil es da ist.*
3. *Sie gibt dem Kind Zeit, sich zu orientieren.*
4. *Sie sagt: „Indianerherz kennt keinen Schmerz, da musst du durch!"*
5. *Sie lässt Trauer, Wut und Gleichgültigkeit zu, ohne sie zu bewerten oder „wegzutrösten".*
6. *Sie spricht das Kind auf „Übergangsobjekte" (s. S. 65) an (z. B. auf den vertrauten Teddy, das Kuscheltuch).*
7. *Sie gibt dem Kind die Rückmeldung, dass es den Abschied gut bewältigt hat.*
8. *Sie nimmt das Kind schnell aus dem Arm der Mutter, um beiden den Abschied zu erleichtern.*
9. *Sie zieht das Kind aus und spricht dabei mit der Mutter, z. B. darüber, wie das Kind geschlafen hat.*
10. *Sie vermittelt dem Kind, wie wichtig es in der Gruppe ist.*
11. *Als das Kind sofort, ohne Notiz von seiner sich verabschiedenden Mutter zu nehmen, zu spielen beginnt, sagt sie zur Mutter: „Sehen Sie, das klappt doch schon sehr gut!"*
12. *Sie gibt dem Kind Möglichkeiten, die Situation mitzugestalten.*
13. *Sie begrüßt das Kind und seine Mutter freundlich.*
14. *Sie bietet ein kleines „Einstiegsspiel" an.*
15. *Sie ermutigt und bestärkt das Kind darin, dass es den Übergang sicher meistern wird.*
16. *Sie sichert Unterstützung zu: „Ich werde dich nicht allein lassen."*

Aufgabe 23

Nicht nur für Kinder stellen die Ankunfts- und Abholphasen eine Herausforderung dar. Auch im Team sind dafür Absprachen und Übereinkünfte nötig.
Welche sollten das sein, wenn Sie an die Bedürfnisse des Kindes in den drei Phasen des Übergangs denken?

Eingangshalle einer Kita

Aufgabe 24

Auch Eltern müssen den Übergang bewältigen. Für sie ist eine freundliche, entspannte Atmosphäre wichtig, die sie einlädt, sich Zeit beim Bringen und Abholen zu nehmen.
Welche Möglichkeiten sehen Sie, diese Aspekte zu gewährleisten? Berücksichtigen Sie dabei

- *räumliche Bedingungen,*
- *Gesprächsmöglichkeiten,*
- *Möglichkeiten zum Informationsaustausch.*

Anregungen finden Sie im Kapitel 4.4 des Lehrbuchs.

Aufgabe 25

Welche Möglichkeiten werden in der Abbildung oben genutzt, damit Eltern und Kinder das Ankommen und Weggehen nach ihren Bedürfnissen gestalten können?

Aufgabe 26

Im Folgenden stellen wir Ihnen noch einige Kinder nach ihrer Ankunft am Morgen vor. Welche „Übergangsstrategien" haben sie für sich gewählt? Wie sollten die Bezugserzieherinnen darauf reagieren?

Beispiel: *Timo (2;5) stürmt, noch bevor er den Haken für seine Jacke gefunden hat und ohne sich vom Vater zu verabschieden, in den Gruppenraum. Er rennt eine Runde an den Wänden entlang, dreht sich mitten im Raum herum und quiekt dabei. Dann lässt er sich auf Hände und Füße nieder und läuft im Bärengang weiter, stupst alle gerade in Reichweite stehenden Kinder mit der Stirn an und macht dabei Heultöne.*

Beispiel: *Lara (1;10) löst sich sofort nach der Ankunft vom Arm der Mutter und rennt, etwas aufgedreht wirkend, in den Gruppenraum. Sie betrachtet die Kinder, spricht die Erwachsenen an, zeigt ihr neues Kleid, nimmt hier einen Klotz und dort ein Buch, ohne jedoch schon in ein intensiveres Spiel einzusteigen. „Sie ist ein ganz unkompliziertes Kind", äußert Laras Mutter.*

Beispiel: *Daniel (0;8) begrüßt die Erzieherin Ella morgens mit unbewegtem Gesichtsausdruck und verabschiedet sich mit kurzem Weinen von seiner Mutter oder seinem Vater. Er nimmt langsam Kontakt zu einzelnen anderen Kindern auf und wird im Laufe der ersten Vormittagsstunden zunehmend fröhlicher. Wenn jemand den Gruppenraum betritt, den er noch nicht kennt, weint er und lässt sich nach einiger Zeit beruhigen.*

Beispiel: *Susan (2;4), die in der Kita öfter krankheitsbedingt fehlt und abwechselnd von Eltern und Großeltern gebracht und abgeholt wird, ergreift sofort nach der Begrüßung die Hand der Erzieherin und lässt sie während des Vormittags nicht mehr los. Auch am Nachmittag hält sie sich so oft wie möglich in ihrer Nähe auf. Wenn die Zeit zum Abholen näher rückt, zieht sie sich gern in die Kuschelnische zurück und schiebt den Abschied so weit wie möglich hinaus.*

Auch der **Abschied** von der Kita am Nachmittag ist eine Übergangssituation, für die die gleichen Kriterien in abgeschwächter Form gelten wie für die Ankunft am Morgen.

Aufgabe 27

- *Welche Anpassungsleistungen werden am Ende des Tages von den Kindern gefordert? Berücksichtigen Sie bei Ihren Überlegungen, dass Kleinstkinder bis zum dritten Lebensjahr noch ein geringes Verständnis für Zeit haben?*
- *Welche Unterstützung brauchen sie von den Erzieherinnen, welche von den Eltern?*
- *Auch für Eltern bedeutet es eine Umstellung, wenn sie ihr Kind abholen. Was sind die wichtigsten Aspekte in dieser Situation? Worauf muss geachtet werden? Wie können Abholzeiten von Eltern und Erzieherinnen genutzt werden?*

Hier zwei Beispiele, die Erzieherinnen in ähnlicher Form oft Kopfzerbrechen bereiten:

Beispiel: *Die Mutter von Lara hat ihren Alltag straff durchorganisiert. Auf dem Rückweg von ihrer Arbeitsstelle holt sie Lara täglich pünktlich um 17:00 Uhr ab. Zum Anziehen ihrer Tochter und zum Austausch mit der Erzieherin hält sie sich in der Kita maximal 10 Minuten auf, um dann mit Lara zusammen den täglichen Einkauf zügig zu erledigen. Aus Zeitmangel findet sie sehr selten einen Termin für ein ausführliches Gespräch mit der Erzieherin und nimmt Lara fast regelmäßig aus dem Spiel, mit dem diese gerade beschäftigt ist. „Ich kann es mir nicht leisten, herumzubummeln. Zu Hause angekommen, muss ich die Wohnung putzen und das Abendessen für 18:30 Uhr zubereiten. Um 19:30 Uhr liegt Lara im Bett. Dann ist unser Feierabend angesagt!“, erläutert sie.*

Beispiel: *Susans Mutter wirkt auf ihre Bezugserzieherin Jasmin sehr belastet. Wenn sie ihr Kind abholt, das geschieht entgegen den Absprachen oft nach 18:30 Uhr, wirkt sie oft unkonzentriert. Sie merkt jedoch, wenn ihr Kind beschäftigt ist, und reißt es nicht aus dem Spiel, sondern sie setzt sich in eine Ecke und sieht zu. Allerdings scheint sie innerlich nicht präsent zu sein, sondern fordert Jasmin sofort als Zuhörerin, um dann ausführlich von ihrer bedrückenden familiären Situation zu berichten und deren Rat einzuholen. „Solche Tür-und-Angel-Gespräche sind für mich eigentlich nicht leistbar. Ich kann mich nicht gleichzeitig den Anliegen der Kinder und denen der Eltern zuwenden“, sagt Jasmin dazu.*

Aufgabe 28

Sie suchen das Gespräch mit den Müttern von Lara und Susan. Was möchten Sie ihnen vermitteln? Überlegen Sie Antworten auf die folgenden Fragen:

- *Was belastet Sie am Verhalten der Mütter?*
- *Wie wirkt sich das auf Ihre Tätigkeit aus?*
- *Welches Verhalten wünschen Sie sich?*
- *Welche Art von Unterstützung würden Sie diesen Müttern vorschlagen?*

Üben Sie dieses Gespräch im Rollenspiel.

Aufgabe 29

Auch für die Erzieherinnen ist die Abholphase eine Übergangssituation, in der sie noch wichtige Aufgaben erledigen und sich auf einen neuen Tagesabschnitt umstellen.

- *Worin bestehen Ihre Aufgaben am Ende des Tages?*
- *Was erleichtert Ihnen den Übergang in das eigene Privatleben?*

3.5 Kommunikation fördern und Kommunikationsformen entwickeln

3.5.1 Sprache vermitteln

Sich die Bedingungen für den Spracherwerb verdeutlichen

Der Begriff „Sprache“ ist ein einfaches Wort für sehr viele und komplexe Sachverhalte, oder, wie Tracy es ausdrückt (Tracy, 2008, S. 20):

Merksatz
„Sprache ist für uns (...) nur ein bequemer Deckmantel, unter dem unterschiedliche und weitgehend implizite (unbewusste) Kompetenzen und Regelsysteme zusammengefasst werden.“

Jedes Kind möchte die Kompetenzen des Sprechens erlernen. Und ebenso, wie es seine materielle Umwelt entdeckt, entdeckt es die Sprache für sich. Neugierig forscht es nach Regeln, findet sie und korrigiert sich. Das alles schafft ein Kind ohne speziellen Unterricht oder Förderung, wenn es nicht mit Einschränkungen zu kämpfen hat.

Aufgabe 30

Haben Sie diese „Sprechlust" schon einmal bei Kleinkindern erlebt? Beschreiben Sie mindestens drei derartige Situationen. Welche Laute, Wörter oder Sätze haben die Kinder von sich gegeben? Was haben sie damit ausgedrückt, erzählt, gefordert, worauf haben sie hingewiesen?

Manche Kinder verlieren allerdings die Lust am Sprechen. Wenn sie ihre Gedanken bereits so klar formulieren könnten, ginge ihnen vielleicht durch den Kopf:

- Warum sollte ich sprechen? Mir hört doch keiner zu.
- Mit Sprache erreiche ich nicht, was ich möchte.
- Sprache ist für die Großen nur ein Anlass zum Schimpfen und Korrigieren.
- Ich verstehe nicht und mich versteht auch keiner.

Aufgabe 31

- *Können Sie sich ausmalen, was geschehen sein könnte, wenn Kinder für sich die Lust an Sprache und Sprechen verlieren?*
- *Haben Sie Situationen erlebt, in denen Erziehende den ihnen anvertrauten Kindern derartige unterschwellige Botschaften vermittelt haben?*
- *Kennen Sie diese oder ähnliche Situationen aus eigener Erfahrung?*
- *Sammeln Sie diese Situationen und überlegen Sie (oder üben Sie in einer kleinen Gruppe), wie die negativen Botschaften so verändert werden können, dass das Kind eine stärkende Botschaft heraushören kann.*

Unabhängig von dem konkreten Inhalt versuchen wir also mithilfe der Sprache dem Kind positive Botschaften zu vermitteln, wie z. B.: „Du bist mir wichtig, ich höre dir zu." Aber wie könnte das inhaltlich umgesetzt werden?

Beispiel: *Im Folgenden beschreiben wir das Vorgehen von Frau Sommer. Sie ist die Mutter von Maja (0;11) und erzählt dem Erzieher Jan, wie sie versucht, die Sprachentwicklung ihres Kindes zu fördern. „Ich rede möglichst viel mit Maja. Wenn ich mit ihr in der Wohnung bin, rede ich fast ständig mit ihr. Ich sage z. B.: ‚Du spielst aber schön mit deinen Duplosteinen. Mama muss jetzt gleich saugen. Da brauchst du gar nicht zu erschrecken. Das Geräusch kennst du ja schon. So, jetzt kommt der Stecker in die Steckdose. Das mache ich aber lieber im Flur, hier ist die Steckdose belegt.' Und beim Essen sage ich: ‚Jetzt sitzen wir alle am Tisch. Heute habe ich gekocht, während du noch geschlafen hast, es gibt Kartoffelpüree mit Wurzeln. Das magst du ja auch gerne. Es ist nur ein bisschen heiß, darum fülle ich dir ganz wenig auf, dann wird es schneller kalt.'" Dann fragt sie Jan: „Machen Sie das auch so?"*

Aufgabe 32

Was würden Sie Frau Sommer antworten, wenn Sie an Jans Stelle wären?
In unserem Lehrbuch (Kapitel 4.3.3.1) haben wir ein ähnliches Vorgehen bei der Pflege eines Babys vorgeschlagen. Vergleichen Sie beide Situationen und arbeiten Sie die Unterschiede heraus. Nutzen Sie das Ergebnis, um Ihre Antwort an Frau Sommer zu begründen.

Wenn unser Kontakt zu einem Kleinkind es ermutigt und wir ihm ein reichhaltiges Sprachangebot machen, kann es seine angeborenen Fähigkeiten nutzen, um

- Wörter mit Sinn zu füllen,
- Regeln der Sprache zu erfassen,
- seine Entdeckungen zu überprüfen und auszuprobieren.

Ein Kleinkind, das versucht, den Sinn von Wörtern zu erfassen, können wir uns bildlich so vorstellen, als sei es mit Einkaufskörben unterwegs.

Jeder Korb symbolisiert nach Anna Winner (2007, S. 46 ff.) einen Begriff oder ein Wort. Diese bekommen erst dann einen wirklichen Sinn für das Kind, wenn sie mit Erfahrungen „gefüllt" werden. Erst dann nutzt und variiert es diesen Begriff als Ausdrucksmittel. Je mehr Erfahrungen in Form sinnlichen Inputs ein Kind in einem Begriffs-Korb versammelt hat, desto mehr Bedeutung verbindet es mit dem Wort und desto geschickter und sinnvoller kann es den Begriff anwenden.

Aufgabe 33

Um diesen Vorgang zu verdeutlichen, lesen Sie sich noch einmal die Geschichte von Vincy und seiner Entdeckung des Gartenstuhls durch (Kapitel 3.3.1 im Lehrbuch).
Alles, was Vincy über den Gartenstuhl erfährt, kommt in seinen Korb mit der Aufschrift „Stuhl". Versuchen Sie einmal, seinen Lernprozess nachzuvollziehen, indem Sie folgende Aufgaben lösen.

- *Besorgen Sie sich einen Korb (eine Schachtel oder als Zeichnung), der mit „Stuhl" gekennzeichnet ist.*
- *Schreiben Sie nun auf Karten alles, was Vincy möglicherweise aufgrund seiner Unternehmung mit dem Begriff „Stuhl" in Verbindung bringt, und legen Sie die Karten in seinen Korb.*
- *Überlegen Sie sich auch, welche Erfahrungen sich eventuell bereits im Korb befinden, und packen Sie diese dazu.*
- *Zwei Wochen später beschäftigt sich Vincy intensiv mit einem Küchenstuhl aus Holz. Welche Karten gehören jetzt nicht mehr in den Korb mit der Aufschrift „Stuhl"?*

Nach einer Weile wird Vincy neue Körbe nutzen. In einen Korb kommt „Stuhl" als Oberbegriff, in einen anderen das Wort Gartenstuhl oder Küchenstuhl. Er stößt auf ein ähnliches Teil mit vier Beinen, einen Hocker oder einen Tisch. Also müssen weitere Körbe geöffnet werden.

Wie sollten wir Kindern etwas derart Schwieriges beibringen, wenn diese Fähigkeit zum Zuordnen und Kategorienbilden nicht bereits angelegt wäre?

Ebenso erstaunlich ist die Fähigkeit zum Erfassen von Regeln der Sprache und ihrer Anwendung. So ziehen Kinder für sich nach einiger Spracherfahrung den Schluss, dass Begriffe, die auf den Buchstaben „e" enden, einen weiblichen Artikel haben, was im Deutschen häufig der Fall ist: die

Blume, die Katze, die Kanne. Beim Ausprobieren dieser Regel kann es dann zu „Fehlern" wie „die Junge" kommen (vgl. Tracy, 2008, S. 29).

Diese Fähigkeit zum Erstellen von Regeln fällt besonders dann auf, wenn Kinder für sich Regeln gefunden haben, die nicht mit denen der Umgebung übereinstimmen. So kann es z. B. vorkommen, dass ein zweisprachig aufgewachsener Junge (der Vater spricht englisch, die Mutter deutsch) glaubt, Deutsch sei die Sprache der Frauen.

Aufgabe 34

Versuchen Sie herauszufinden, welche Regeln Sven und Alina für sich gefunden haben:

- *Sven hat „Wauwau" für Hund gelernt. Jetzt zeigt er auf eine Katze und sagt „Wauwau".*
- *Alina ist knapp zwei Jahre alt und spricht erste Sätze auf Deutsch und kann sich recht gut verständlich machen, als sie mit ihren Eltern in die USA zieht. Nach kurzer Zeit „brabbelt" sie fast nur noch, das heißt, sie spricht, aber in Lauten, die weder englisch noch deutsch sind.*

Schritte im Spracherwerb erkennen

Tracy (2008, S.77–88) unterscheidet vier Meilensteine im Spracherwerb, die Kinder nacheinander erreichen. Diese sollen im Folgenden kurz beschrieben werden, da sie die Möglichkeit bieten, anhand der kindlichen Äußerungen zu erkennen, welchen Meilenstein das betreffende Kind erreicht hat. Die Altersangaben sind Durchschnittswerte und dienen der Orientierung.

Meilenstein I (M I)

Im Alter von zehn bis 18 Monaten wird der erste Meilenstein der kindlichen Satzkonstruktion erreicht. Die Äußerungen bestehen aus einzelnen Wörtern, hauptsächlich Substantiven und Verben, aber auch aus Partikeln. Partikel sind unveränderliche Wörter, z. B. „doch". Sie können Teile eines Verbs sein, die auch vom Verb getrennt werden können, z. B. „aufmachen", mach … auf. Es folgen Wortkombinationen, der Wortschatz umfasst ungefähr 50 Wörter. Beispiele für diesen Meilenstein sind „Mama", „(F)lasche", „auf", „Wauwau essen".

Meilenstein II (M II)

Im Alter von 18 bis 24 Monaten wächst der Wortschatz auf ungefähr 200 Wörter an. Verben werden im richtigen Kontext benutzt (wer tut was?).

Die Grundform der Verben und andere Verbformen werden genutzt („Lisa zu macht"). Verbteile stehen korrekt am Ende des Satzes („Licht an!").

Der Satzbau ist zwar noch unvollständig, aber zwischen den aufeinanderfolgenden Äußerungen ist ein Bezug festzustellen. Erste Sprachregeln zur Konjugation (Veränderungen der Verben, z. B. je nach Person und Zeit) und zum Satzbau werden entdeckt.

Meilenstein III (M III)

Mit zwei bis drei Jahren können Kinder einfache Sätze bilden, das finite (gebeugte und konjugierte) Verb steht an der zweiten Stelle im Satz.

Neue Wortklassen kommen hinzu, die schwerer zu erfassen sind, wie Artikel und Adjektive. Die richtige Konjugation wird sicher gewusst.

Meilenstein IV (M IV)

Ab ungefähr 30 Monaten beginnen Kinder, auch komplexere Sätze korrekt zu bilden, zu denen auch Nebensätze gehören. Ein fehlendes Verbteil steht in der richtigen Form am Satzende.

Die Meilensteine in der Entwicklung von Satzkonstruktionen werden in der folgenden Übersicht dargestellt (vgl. Tracy, 2008, S. 83).

Meilensteine der kindlichen Satzkonstruktion				
	Vorfeld	V2/Konjunktion	Mittelfeld	VE
M I	Mama			
				auf
M II			Tür	auf
		Mama	Bus	fahren
		Mama	auch Kette	
M III	jetzt	geh	ich	hoch
	da	kommt	Ball	rein
	Valle	hat		(pro-)biert
M IV	Valle	hat		probiert
		ob	das	pfeift
		wenn	die Julia Futter	reintut

Erläuterung zur Tabelle:

Neben den Meilensteinen (M) finden Sie vier Spalten, die jeweils unterschiedliche Satzteile bezeichnen. Im Vorfeld befindet sich das Subjekt oder andere einleitende Elemente (z. B.: „Wir sind nach Hause gegangen"). Es folgt im Deutschen an zweiter Stelle das finite Verb V2 („Wir sind nach Hause gegangen"). Wenn ein Verb aus mehreren Teilen besteht, befindet sich der zweite Teil am Ende des Satzes VE („Wir sind … gegangen"): Dazwischen ist das Mittelfeld („… nach Hause …"). Bei komplexen Sätzen steht an Stelle des ersten Verbteils eine Konjunktion als Satzverknüpfung (z. B. „wenn", „dass", „weil").

Zum besseren Verständnis und zum Vergleich sind in der folgenden Tabelle die vollständigen Sätze eingefügt, wie ältere Kinder oder Erwachsene sie benutzen:

	Vorfeld	V2 (Konj.)	Mittelfeld	VE
M I	Mama			
				auf
M II			Tür	auf
	Mama	fährt	Bus	
	Mama	hat	auch eine Kette	
M III	jetzt	geh	ich	hoch
	da	kommt	der Ball	rein
	Valle	hat	das	probiert
M IV	Valle	hat		probiert
		ob	das Meerschweinchen	pfeift
		wenn	Julia das Futter	reintut

Aufgabe 35

- *Hören Sie Kindern unter drei Jahren zu.*
- *Notieren Sie ihre sprachlichen Äußerungen.*
- *Ordnen Sie diese den Meilensteinen in der Tabelle zu.*

3.5.2 Die eigene Einstellung zur Mehrsprachigkeit überprüfen

Diese kurz beschriebenen Fähigkeiten können Kinder natürlich nicht nur für *eine* Sprache nutzen. In unserem Lehrbuch finden Sie einige Hinweise, wie Mehrsprachigkeit gelingen kann (siehe Kapitel 4.3.3.3).

Für einige Menschen ist es nicht so leicht, zu akzeptieren, dass ein Kind mit zwei oder mehr Sprachen aufwächst. Zum einen glauben sie, dass ein mehrsprachig aufwachsendes Kind überfordert ist, zum anderen können sie nicht alle Sprache in ihrer Wertigkeit als gleich akzeptieren. Meist werden Unterschiede gemacht, obwohl andere Kulturen immer eine Bereicherung sein können. Der Aspekt der *Akzeptanz* soll hier zunächst mit zwei Übungen vertieft werden.

Als Erstes möchten wir Sie veranlassen, Ihre eigene Einstellung zur Mehrsprachigkeit zu überprüfen. Nutzen Sie dafür die von Friedemann Schulz von Thun vorgeschlagene Methode des „inneren Teams" (vgl. Schulz von Thun, 1998, S. 92–94).

Falls Ihnen diese Methode noch nicht bekannt ist, stellen wir sie kurz vor.
Schulz von Thun geht davon aus, dass wir nicht nur mit einem „äußeren Team" zusammenarbeiten – als Erzieherin z. B. mit Kollegen, Heimleitung, Träger –, sondern auch mit einem „inneren Team". Jedes dieser Teammitglieder ist ein Symbol für Gedanken, Gefühle, Einstellungen usw. zu einem bestimmten Sachverhalt. Sehr selten haben wir eine eindeutige Position zu einem Thema. Wäre das der Fall, gäbe es im inneren Team z. B. nur den „Ordnungshüter", der verkündet: „Das macht man genau so und nicht anders." Viel häufiger gibt es zusätzlich den „Ängstlichen" mit der Position: „Das schaffe ich bestimmt nicht. Was da alles passieren kann!" Worauf der „Selbstbewusste" eventuell entgegnet: „Ich habe schon ganz andere Sachen geschafft, dies schaffe ich bestimmt auch." Der „Teamchef" hört sich die Positionen an und versucht dann, das Durcheinander zu ordnen.

Aufgabe 36

- *Identifizieren Sie die einzelnen Mitglieder Ihres „inneren Teams". Hier einige Vorschläge: die Überlastete, die Professionelle, die Experimentierfreudige.*
- *Lassen Sie die einzelnen Teammitglieder zu Wort kommen. Was sagen sie? Vielleicht visualisieren Sie diese Aussagen in Sprechblasen um einen Kopf herum.*
- *Erfinden Sie eine Diskussion zwischen den Teammitgliedern.*
- *Lassen Sie den Teamchef eine Strukturierung und schließlich eine Zusammenfassung vornehmen.*

Hat sich aus dieser Übung für Sie eine Position ergeben? Überprüfen Sie, ob sie generell für Fremdsprachen gilt oder eher für Englisch oder für Türkisch.

Aufgabe 37

Eine zweite Übung soll Ihnen helfen, sich in die Situation fremdsprachiger Kinder zu versetzen. Führen Sie sie in einer Gruppe durch.

Einige Freiwillige sollen ermittelt werden, die den Raum verlassen. Die anderen Gruppenmitglieder setzen sich in einen Kreis und treffen folgende Absprachen:

- *Über welches Thema soll gesprochen werden? Wählen Sie möglichst ein Alltagsthema, zu dem jeder etwas sagen kann.*
- *Einigen Sie sich auf zwei Begriffe, die in dem Gespräch vorkommen. Dem einen geben Sie eine völlig andere Bedeutung (z. B. Urlaub heißt Schichtarbeit) und ersetzen Sie den anderen Begriff durch eine Bewegung (z. B. aufs Knie klopfen).*

Bitten Sie dann die Wartenden herein und beginnen Sie Ihr Gespräch. Nach fünf bis zehn Minuten beenden Sie es und beginnen mit der Auswertung.
Wie haben sich die Freiwilligen verhalten, die nicht in die neuen Begriffe eingeweiht waren? Was haben sie in der Situation gefühlt? Was hätten sie gerne getan? Auch die anderen Gruppenmitglieder sollen dann Stellung nehmen.

Auch wenn es ein Spiel ist, entwickeln die meisten Freiwilligen Gefühle wie Wut, Ausgeschlossensein und Resignation. In einer vergleichbaren Situation befinden sich Kinder, die unsere Sprache nicht sprechen.

Aufgabe 38

Was können Sie tun, um Kindern eine derartige Situation weitgehend zu ersparen?

3.6 Mit Eltern und Angehörigen zusammenarbeiten

Wann beginnt eigentlich die Zusammenarbeit mit den Eltern? Wir denken, dass schon der erste Kontakt die weitere Zusammenarbeit prägt. Nach einer telefonischen Verabredung wird der gegenseitige Austausch von Information der erste ausführlichere Kontakt sein, der meistens von der Leitung und der Erzieherin wahrgenommen wird, in deren Gruppe ein Platz frei ist.

Aufgabe 39

Erstellen Sie eine Checkliste, mit deren Hilfe Sie überprüfen können, ob alle wichtigen Vorbereitungen für dieses Gespräch getroffen worden sind. Anregungen finden Sie in Kapitel 4.4 des Lehrbuchs (Lösungsvorschläge s. S. 125).

Merksatz

Der Psychologe Friedemann Schulz von Thun hat ein Kommunikationsquadrat entwickelt, nach dem jede Äußerung nach vier Aspekten interpretiert werden kann. Er geht davon aus, dass unsere Aussagen außer dem sachlichen Gehalt (Inhaltsebene) noch weitere Ebenen beinhalten. Wir sagen auch etwas über uns selbst (Selbstoffenbarungsebene) und über unsere Beziehung zu unserem Gesprächspartner (Beziehungsebene) aus und wollen meist auch noch etwas erreichen (Appellebene) (vgl. Schulz von Thun, 1981, S. 23–35).

Aufgabe 40

Dieses Modell von Schulz von Thun eignet sich gut zur Vorbereitung auf Gespräche. Versuchen Sie, sich in die Situation eines derartigen Informationsgesprächs zu versetzen. Überlegen Sie für die beteiligten Personen (Eltern, Erzieherin, Leitung), was sie wohl

- *inhaltlich vermitteln oder erfahren möchten (I),*
- *über sich selbst ausdrücken möchten (S),*
- *über die Beziehung vermitteln möchten (B),*
- *erreichen möchten (A).*
  (Lösungsvorschläge s. S. 125)

Die Kommunikationsquadrate können Ihnen dabei helfen.

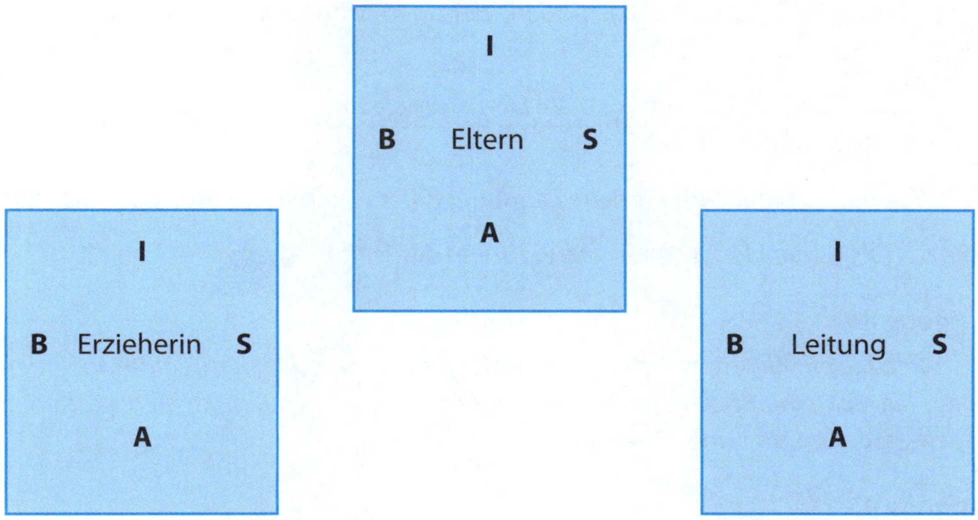

Aufgabe 41

Wenn Eltern zu einem Gespräch kommen oder später ihr Kind zur Kita bringen, gibt es sehr unterschiedliche Möglichkeiten, Eltern das Gefühl zu geben, dass sie willkommen sind. Auch die Atmosphäre der Einrichtung und die Ausstattung der Räume sind dabei wichtige Faktoren. Legen Sie eine zweite Checkliste an und halten Sie alle Punkte fest, die dazu führen können, dass Eltern sich in den Räumen der Kita gut aufgenommen und informiert fühlen.

Aufgabe 42

Nachdem wir eben auf die Räumlichkeiten eingegangen sind, wollen wir uns jetzt den Mitarbeiterinnen zuwenden. Auf den Fotos weiter unten sehen Sie Anna und Karolina.

- *Was drücken die beiden Erzieherinnen aus? Beachten Sie Mimik, Gestik und Körperhaltung.*
- *Was lösen die beiden Mitarbeiterinnen bei Ihnen aus? Vergleichen Sie Ihre Assoziationen mit denen einer Lernpartnerin.*
- *Probieren Sie unterschiedliche (gute und weniger gute) Möglichkeiten aus, auf Besucher in einer Kita zuzugehen.*

Anna

Karolina

Aufgabe 43

Im Lehrbuch finden Sie in Kapitel 4.4.8 Anregungen für die Gestaltung eines Elternabends. Wenn Sie die Möglichkeit dazu haben, befragen Sie die Eltern in Ihrer Einrichtung zu den folgenden Punkten:

- *Welche Themen beschäftigen die Eltern, die sie mit anderen Eltern und Erzieherinnen besprechen möchten?*
- *Welche Zeitpunkte und welche Zeitdauer für ein Treffen eignet sich für die Eltern am besten?*
- *Ist für sie eine Kinderbetreuung während der Treffen wichtig?*

Aufgabe 44

Gestalten Sie ein Plakat, auf dem zu einem Elternabend oder Elterncafé eingeladen wird. Holen Sie sich eine Rückmeldung aus der Praxis und/oder von Fachlehrkräften, ob das Plakat angemessen ist und seinen Zweck erfüllt.

Aufgabe 45

Wenden Sie auch bei dem folgenden Beispiel das Kommunikationsquadrat von Schulz von Thun an. Welche Sorgen äußert die Mutter auf der Selbstoffenbarungsebene? Was würden Sie ihr gern vermitteln?

Beispiel: *Während eines Gesprächs äußert eine Mutter unter anderem Folgendes: „Seitdem Tommy hier ist, geht bei uns zu Hause alles durcheinander. Ich frage mich, ob es ihm gut geht. Er schläft weniger, ist sehr anhänglich und stört uns ständig. Meinen Sie, dass Ihre Kita das Richtige für ihn ist?"*

3.7 Im Team zusammenarbeiten

Aufgabe 46

Sicherlich haben Sie bereits in der einen oder anderen Form in einem Team gearbeitet. Überlegen Sie, welche Erfahrungen Sie dabei gemacht haben. Schauen Sie sich das Bild der Waage an. Schreiben Sie Ihre Erfahrungen einzeln auf Kärtchen und legen Sie diese auf eine der beiden Waagschalen, indem Sie sie der linken (positiven) oder rechten (negativen) Schale zuordnen. Zu welcher Seite neigt sich Ihre ganz persönliche Waage?

Aufgabe 47

Wir gehen davon aus, dass trotz aller Schwierigkeiten (Arbeitsüberlastung, ständige Diskussion um Organisatorisches usw.) aus pädagogischen Gründen Teambesprechungen unverzichtbar sind.

- *Leiten Sie aus Ihrem Bild von der Waage Regeln ab, die Sie beachten wollen, um Teambesprechungen, an denen Sie teilnehmen, zu einem sinnvollen Ereignis zu machen.*
- *Besprechen Sie diese Regeln mit Ihrem Team. Wenn Ihre Teampartner auch einen Regelkatalog entwickelt haben, vergleichen Sie Ihre Ergebnisse und einigen Sie sich auf ein gemeinsames Vorgehen.*

Aufgabe 48

Der Erfolg einer Teamsitzung ist in vielen Fällen schon durch mangelnde Vorbereitung infrage gestellt.

- *Erstellen Sie eine Checkliste mit den wichtigsten Punkten, die zur Vorbereitung einer Teamsitzung gehören (Lösungsvorschlag s. S. 126).*

Ein gut eingespieltes Team bereitet sich auf die Punkte der Tagesordnung vor. Möglicherweise werden zu einzelnen Punkten Informationen benötigt, die ein Mitarbeiter besorgen kann. Oder es steht ein Kind und seine Entwicklung im Mittelpunkt. Dann sollten Beobachtungsbögen, Foto- oder Filmmaterial, Lerngeschichten oder anderes Dokumentationsmaterial vorliegen (siehe Kapitel 3.4.6 im Lehrbuch).

Auch Eltern werden sich durch die Dokumentation von Bildungsprozessen der Kinder im Haus und Außengelände und durch die Ausstattung Ihrer Einrichtung willkommen, einbezogen und informiert fühlen.

Aufgabe 49

In der Kita „Pusteblume" steht das Thema „Zusammenarbeit mit den Eltern" auf dem Programm. Hauptsächlich zwei Situationen beschäftigen die Erzieherinnen, in denen sie nicht wissen, wie sie auf die Eltern eingehen können. In Form eines Rollenspiels möchten die Erzieherinnen sich auf die Gespräche vorbereiten. Vor der Sitzung haben Sven und Tanja Rollenkarten geschrieben, die die für sie problematische Situation verdeutlichen. Wer sich in Ihrer Lerngruppe erproben möchte, liest die Karten durch, denkt sich einen Moment in eine der Personen ein und führt dann das Elterngespräch.

Beispiel: *Simuliertes Gespräch „Programm"*

Heute Mittag hat der Erzieher ***Sven*** *folgende Situation erlebt. Er hat Viktoria (0;10) genau beobachtet und festgestellt, dass sie sich intensiv mit den Wirkungen ihres Handelns beschäftigt. Im Moment lauscht sie fasziniert auf die unterschiedlichen Töne, die sie auf einem Topf erzeugen kann. Sven sitzt neben ihr auf dem Boden und hat ihr einen Löffel, einen Holzstock und einen Strohhalm in Reichweite gelegt. Da kommt Viktorias Mutter und fragt, welches Programm Sven heute mit den Kindern hatte.*

Viktorias Mutter *hat sich sehr bewusst für diese Kleinstkindergruppe entschieden, weil zu ihrem Konzept die frühe individuelle Förderung der Kinder gehört. Leider sieht sie davon nichts. Immer wenn sie kommt, um ihr Kind abzuholen, spielt es zwar vergnügt, aber der Erzieher sitzt meist irgendwo und guckt auf die Kinder. Natürlich muss er aufpassen, damit nichts passiert. Aber wann findet die Förderung statt, fragt sich die Mutter.*

Beispiel: *Simuliertes Gespräch „Ernährung"*

Gestern ist Mirkos Mutter auf die Erzieherin ***Tanja*** *zugekommen und hat ihr erklärt, dass ihre Familie sich vegetarisch ernährt. Sie möchte, dass in der Einrichtung darauf geachtet wird, dass Mirko auch dort nur vegetarisch isst. Tanja möchte gerne auf die Wünsche der Eltern eingehen, aber in diesem Fall weiß sie nicht, wie das gehen soll. Sie kann schließlich nicht immer neben Mirko stehen oder ihm gar ein Stück Fleisch aus dem Mund nehmen, wenn er vom Nachbarteller etwas genommen hat.*

Mirkos Mutter *hat sehr lange mit ihrem Mann über richtige Ernährung nachgedacht. Insbesondere die Vorstellung, wie Tiere sich quälen, bevor sie schließlich gegessen werden, hat dazu geführt, dass die Familie sich vegetarisch ernährt. Mirko soll nicht durch einen Wechsel der Essgewohnheiten verwirrt werden, sondern sich an die Entscheidung der Eltern gewöhnen. Darum hat seine Mutter die Erzieherin gebeten, darauf zu achten, dass er sich auch in der Kita vegetarisch ernährt.*

Aufgabe 50

Reflexionsgesichtspunkte:

- *Wie ist es mir während des Gespräches in meiner Rolle ergangen?*
- *Habe ich mich verstanden/nicht verstanden gefühlt?*
- *Was hätte ich gebraucht?*
- *Zu wessen Zufriedenheit ist der Konflikt gelöst worden?*

4 Pädagogische Alltagsgestaltung

- Stationen im Tagesablauf abwechslungsreich gestalten
- Gemeinsame Mahlzeiten als soziokulturelles Erlebnisfeld gestalten
- Beziehungs- und bedürfnisorientiert pflegen
- Pflegesituationen als Möglichkeit der Interaktion nutzen
- Auf Probleme in Pflegesituationen angemessen reagieren
- Kinder beim Trockenwerden begleiten
- Krankheiten und Unverträglichkeiten erkennen und mit ihnen umgehen
- Das Spielen am Vormittag und Nachmittag begleiten
- Erfahrungs- und Spielmaterialien für verschiedene Altersgruppen bereitstellen
- Gestalterische Grunderfahrungen anregen
- Bewegungslernen anregen
- Musikalisch-rhythmische Grunderfahrungen ermöglichen
- Überall ist Klang
- Mit Rhythmen und Klängen spielen und experimentieren

Wenn Sie dieses Kapitel durchgearbeitet haben, wissen Sie, wie sich die einzelnen Stationen des Tagesablaufes auf die emotionale Befindlichkeit der Kinder, auf ihre Gesundheit und ihr Wohlbefinden und auf das gemeinsame Lernen in der Kindergruppe auswirken. Sie beschaffen sich Informationen zur Gesundheitsprävention. Im Austausch mit den anderen Mitarbeitern in Ihrer Kita gehen Sie auf die emotionalen, vitalen, kognitiven und sozialen Grundbedürfnisse der Kinder ein. Sie gestalten die morgendliche Ankunft und das Abholen, die Mahlzeiten, die Spiel-, Ruhe- und Pflegezeiten so, dass die Kinder sich sicher und angenommen fühlen und die verschiedenen Tagesabschnitte als interessante Lernanlässe nutzen können. Sie können Spielsituationen vorbereiten, durchführen und Ihre Erkenntnisse für weitere Angebote im Tageslauf nutzen. Sie kennen die wichtigsten Stolpersteine in der Tageslaufgestaltung und haben – passend für Ihre Praxissituation – Möglichkeiten erarbeitet, um damit angemessen umzugehen. Außerdem erfahren Sie, wie Eltern in diese Prozesse hineinwirken und was Sie tun können, um Ihr Konzept der Tagesablaufgestaltung für Eltern transparent zu machen, sich nicht aus Ihrem Konzept bringen zu lassen und Eltern gegebenenfalls Hinweise für die eigene Lebensgestaltung zu geben.

4.1 Stationen im Tagesablauf abwechslungsreich gestalten

Der Tagesablauf in seiner Bedeutsamkeit für das Wohlbefinden und das Sicherheitsgefühl der Kinder und als Möglichkeit zur Verwirklichung der Leitvorstellungen steht im Zentrum der Überlegung und Planung vieler Teamgespräche in fast allen Einrichtungen. Immer wieder erfordern Veränderungen in der Kindergruppe und in der Kita die Anpassung des Tagesverlaufes an unterschiedliche Bedürfnisse und Lernabsichten. Und Änderungen im Tagesverlauf haben meist Veränderungen in der Raumeinteilung- und -ausstattung zur Folge. Das Angebot an Erfahrungs- und Spielmaterial wird ebenfalls laufend überprüft und neuen Bedingungen und wechselnden Themen der Kinder angepasst. Alle Überlegungen sind darauf gerichtet, die Entfaltung des kindlichen Potenzials an konstruktiven Kräften, Gefühlen und Fantasien in Richtung auf größere Autonomie und soziale Verantwortlichkeit zu ermöglichen. Die Folge: Jede Kita gestaltet den Tagesablauf – passend für die Bedürfnisse der Kinder, die Organisationszeiten der Eltern und der Einrichtung – ein wenig anders.

Aufgabe 51

- *Fertigen Sie eine tabellarische Übersicht mit der Überschrift „Unser Tagesablauf" an.*
- *Beschreiben Sie in den beiden linken Spalten die Reihenfolge der Tagesablauf-„Stationen" in Ihrer Kita. In der dritten Spalte geben Sie kurz den Inhalt/den Ablauf/die Rahmenbedingungen an. In der rechten Spalte stehen stichwortartig aufgelistet Ihre wichtigsten Ziele und Merkpunkte für jede Station.*

Unser Tagesablauf

Zeit	Was geschieht?	Wie läuft es ab?	Was uns dabei wichtig ist und worauf wir besonders achten
bis 09:00 Uhr	Ankunft; jedes Kind wird von der Bezugserzieherin begrüßt		

- *Anschließend vergleichen Sie die verschiedenen Tagesabläufe in Ihrer Lerngruppe. Es werden sich interessante Diskussionen ergeben.*

Die Ankunfts- und Abholphasen haben wir weiter oben schon besprochen. Im Folgenden geht es um einen weiteren wichtige Tagesabschnitt: um das gemeinsame Essen – und alles, was dazu gehört.

4.2 Gemeinsame Mahlzeiten als soziokulturelles Erlebnisfeld gestalten

Aus Kapitel 5.3 des Lehrbuchs wissen Sie, dass nicht nur das körperliche, sondern auch das seelisch-geistige Wachstum jedes Kindes unmittelbar von dem abhängt, was ein Kind wie, mit wem und wann isst und warum Probleme im Zusammenhang mit Ernährung sich auf die weitere Entwicklung tief greifend auswirken können (vgl. Siegler/DeLoache/Eisenberg, 2005, S. 165). Jedes Kind isst und genießt anders, hat verschiedene Erfahrungen mit dem Thema Essen gemacht, bringt unterschiedliche Gewohnheiten und Vorlieben mit in die Kita. Wie im Elementar- und Schulkindbereich ist gemeinsames Essen nicht nur das Abdecken körperlicher Bedürfnisse, sondern wir haben es mit einem der bedeutsamsten sozial-emotionalen, kognitiven und kulturellen Lernfelder zu tun. Hinzu kommt, dass es in keinem anderen Bereich der Kita so viele alters- und entwicklungsbedingte physiologische Unterschiede im Ernährungsbedarf wie in der Unter-drei-Gruppe gibt. Deshalb erfordert der Bereich viel Absprache zwischen Eltern und Erziehern, eine fortlaufende Anpassung räumlicher, zeitlicher und pädagogischer Planung sowie eine immer wieder neu zu gestaltende Zusammenarbeit mit den Eltern und besonders mit dem Hauswirtschaftsbereich.

Wir stellen Ihnen im Folgenden sieben Kinder aus der Kita „Pusteblume" und deren Umgang mit dem Thema Essen vor.

> ***Beispiel:*** *Jon (2;1) ist seit einem halben Jahr in der Kita. Er isst mit Freude, Genuss und Appetit mit einer wesentlichen Einschränkung: Er mag nur süß schmeckende Nahrungsmittel. Gemüse, Kartoffeln, Soßen lehnt er ab. Geduldig wartet er bei jeder Mahlzeit auf den Nachtisch. Da die Portionen klein sind, geht er offenbar oft hungrig zum Spielen. Auf Nachfragen berichtet seine Mutter, dass er das zu Hause genauso mache. Sie habe den Speiseplan der ganzen Familie schon umgestellt: Milchreis, Grießpudding und Joghurtspeisen stehen fast täglich auf dem Speisezettel. Zum Frühstück bekommt Jon sein Fläschchen oder einen Fertigbrei.*

> ***Beispiel:*** *Andy (2;9) hat in der Kita bis zur Obstmahlzeit am Nachmittag kaum Appetit. Beim Frühstück trinkt er lediglich einen Becher ungesüßten Tee, während der Mittagsmahlzeit begnügt er sich mit kleinen Häppchen von allem, was angeboten wird. Am Nachmittag möchte er dagegen am liebsten die ganze Obstschale allein leeren und fordert häufig noch Knäckebrot dazu. Würde die Erzieherin Ella ihm jetzt seinen Teller mit Mittagessen anbieten, würde er den schnell leeren. Andys Vater berichtet, dass er besondere Freude am gemeinsamen Frühstück gegen 08:00 Uhr am Morgen habe: „Das Frühstück ist die einzige Mahlzeit, an der wir alle in Ruhe zusammen sitzen und uns unterhalten können. Dann vertilgt Andy mindestens zwei Scheiben Brot mit Quark oder Käse, einen Joghurt und ein großes Stück Obst. Ich bin ganz erstaunt, dass so viel in den kleinen Bauch hineinpasst."*

> ***Beispiel:*** *Lina (1;2) wird von ihrer Mutter noch dreimal täglich gestillt. Da sie in der Nachbarschaft der Kita wohnt, ist es für die Mutter kein Problem, regelmäßig vorbeizukommen und ihr Kind an die Brust zu legen. Lina steht schon lange vor der gewohnten Zeit am Fenster und wartet auf ihre Mutter. Als die Mutter gefragt wird, wie lange sie das Stillen noch fortsetzen wolle, antwortet sie fröhlich: „So lange Lina noch nach der Brust verlangt, bekommt sie sie. Ich habe ja genug Zeit, um meinem Kind dieses wichtige Bedürfnis zu erfüllen."*

__Beispiel:__ Mathias (1;11) besucht seit einer Woche die Kita „Pusteblume". Seine Mutter begleitet ihn. Sie ist eine viel beschäftigte Steuerberaterin und hat sich die gemeinsame Zeit mit Mathias in der Kita mühsam abgekniffen. „Eigentlich kann ich mir die lange Eingewöhnung überhaupt nicht leisten, aber sei's drum", sagt sie am ersten Morgen zu Jasmin, der Bezugserzieherin für Mathias. Beim Frühstück beobachtet sie blass und mühsam beherrscht, wie Mathias mit hochgezogenen Schultern und abwehrenden Händen vor seinem in Würfelchen geschnittenen Brot sitzt und das Essen verweigert. „Was mache ich bloß mit diesem Kind? Seit seiner Geburt bin ich ständig für ihn da, es fehlt ihm an nichts. Aber er macht ständig Mätzchen beim Essen. Er wird mir noch krank, und das kann ich mir in meinem Job nicht leisten." Zu Mathias gewandt fährt sie fort: „Nun kau doch mal einen Gang schneller, die anderen sind schon fertig! Kau nicht hundertmal auf einem Bissen herum, schluck runter! Ich bleibe jetzt neben dir sitzen, bis der Teller leer ist." Gemeinsame Mahlzeiten in der Familie erlebt seine Mutter als hektisch und sie finden selten statt. „Wenn wir es nicht schaffen zu kochen, gehen wir um die Ecke zum Burger-Restaurant. Dort schmeckt es Mathias besser als zu Hause."

__Beispiel:__ Annika (1;11) hat offensichtlich viel Freude am Essen. Was auch immer ihr vorgesetzt wird, sie isst es mit Genuss schnell auf und hat ihren Teller schon geleert, wenn die anderen Kinder gerade zu essen beginnen. Ihre Freude am Essen wird von den Eltern unterstützt. Obwohl die Kinder ihr Frühstück in der Kita bekommen, hat Annika in ihrer Brottasche täglich wechselnde Leckerbissen: Kinderschokolade, Kuchen, fettreiche Knackwürstchen, Kinderpralinen. Sie gibt den Kindern gern davon ab. „Das ist das, was sie zu Hause auch am liebsten isst – und wir auch", berichtet Annikas Mutter. „Die anderen Kinder sollen doch auch etwas davon haben."

__Beispiel:__ Cemal (2;7) besucht erst seit einem Monat die Gruppe der Jüngsten. Es ist schwierig, ihm etwas anzubieten, was ihm schmeckt: Er isst nur Nahrungsmittel, die ihm von zu Hause bekannt sind. Wenn es Reis, Auberginen, Tomaten oder Fleischzutaten aus Rinderhackfleisch gibt, isst er alles auf. Anderenfalls lehnt er die Speisen ab. Dass es manchmal Suppe oder öfter Nachtisch gibt, versteht er nicht, weil er diese Nahrungsmittel aus dem Elternhaus nicht kennt. Offensichtlich hat er auch Schwierigkeiten damit, dass in Deutschland die nährstoffreichste Hauptmahlzeit am Mittag gereicht wird. In seinem Elternhaus versammelt sich die Familie jeden Abend zum opulenten Abendessen, sodass er täglich zweimal das Angebot eines „Mittagessens" hat.

__Beispiel:__ Gina (1;7) leidet an einer Laktose-Unverträglichkeit und darf nur milchfreie Sojaprodukte essen.

Aufgabe 52

Bilden Sie innerhalb Ihrer Lerngruppe Kleingruppen und einigen Sie sich jeweils auf eines der oben stehenden Beispiele. Beantworten Sie dazu folgende Fragen:

- *Was ist auffällig an dem Essverhalten des Kindes?*
- *In welche Richtung sollte eine Veränderung stattfinden?*
- *Wie würden Sie versuchen, die Eltern zu erreichen? Wählen Sie begründet eine der folgenden Möglichkeiten: Tür-und-Angel-Gespräch, ruhiges Einzelgespräch, Kleingruppengespräch mit ähnlich betroffenen Eltern, Elternabend. Planen Sie ein entsprechendes Vorgehen.*

Aufgabe 53

Bestimmte Nahrungsmittel begünstigen im frühen Kindesalter spätere Störungen des Fettstoffwechsels sowie Diabetes und ein erhöhtes Risiko für Bluthochdruck und Gelenk- und Kreislauferkrankungen.

- *Wie können Sie diesen Krankheitsbildern durch bewusste Gestaltung der Mahlzeiten entgegenwirken?*
- *Wie können Sie die Eltern einbeziehen?*

Beispiel: *Es gibt keine bundesweit einheitlichen Richtlinien zur Vollwertkinderernährung und zur beruflichen Qualifikation des hauswirtschaftlichen Personals in Kitas. Deshalb ist die Ernährungssituation in vielen Kitas aus finanziellen Gründen nicht optimal. Auch in der Kita „Pusteblume" gibt es oft personelle Engpässe, sodass auf Tiefkühlkost zurückgegriffen werden muss.*

Aufgabe 54

Was können die Erzieherin Jasmin und ihr Team tun, um dem entgegenzuwirken?

Beispiel: *In der Kita „Pusteblume" werden schon im Aufnahmegespräch die Vorlieben und Abneigungen der Kinder und die Essgewohnheiten in der Familie besprochen. Darüber hinaus machen die Leitung und die Erzieherinnen die Eltern mit den hauseigenen Grundsätzen zur Kinderernährung bekannt. Zehn Punkte stehen auf einem Infoblatt. Es hat die Überschrift: „Unser Essen in der Kita" und wird während der Eingewöhnungsphase schrittweise mit den Eltern beraten. Sie nehmen es zur Orientierung mit nach Hause. Das Info-Blatt liegt in sechs verschiedenen Sprachen vor.*

Aufgabe 55

- *Stellen Sie in Ihrer Lerngruppe ein solches Infoblatt für Eltern zusammen. Besprechen Sie es in der Praxis mit den Kolleginnen und Kollegen und erproben Sie es, wenn möglich.*
- *Bitte füllen Sie die Endpunkte der folgenden Mindmap entsprechend den Bedingungen und Gegebenheiten Ihrer Praxiseinrichtung aus (Lösungsvorschlag S. 125).*

4.3 Beziehungs- und bedürfnisorientiert pflegen

4.3.1 Pflegesituationen als Möglichkeit der Interaktion nutzen

Die Erkenntnisse, die die ungarische Kinderärztin Emmi Pikler (1902–1984) in den Fünfzigerjahren des letzten Jahrhunderts in ihrem Kinderheim Lozcy in Budapest gewann, liefern uns heute noch wichtige Hinweise für die Gestaltung von Beziehungen zwischen Erwachsenen und Kindern, insbesondere in Fragen der Gesundheitsvorsorge und Pflege. Ihre Erfahrungen gewann Emmi Pikler aus ihrer Zeit als beratende Hausärztin von Familien mit Kindern und als Leiterin eines Säuglingsheims in Budapest, des heutigen Pikler-Instituts.

Der Kern der Botschaft Piklers ist, dass in Situationen wie Baden, Pflegen oder Füttern, in denen eine Erzieherin sich einem einzelnen Kind zuwendet, das Gewähren von Nähe, die volle Konzentration, innere Präsenz, Einfühlsamkeit, Achtung, die Wärme und der Respekt für die situative Befindlichkeit des Kindes einen lebendigen Austausch zwischen Kind und Erwachsenem bewirken.

Von Anfang an wirkt jedes Kind so weit als möglich bei allen Verrichtungen mit.

In diesem Austausch erfährt das Kind echte Anteilnahme, das Bewusstsein seiner Einmaligkeit und die Offenheit der Bezugsperson für seine momentanen Bedürfnisse, für seine Befindlichkeit, Gefühlslage, Absichten und Fragen. Mehrere Male am Tag macht es über eine lange Zeit hinweg die Erfahrung, dass es neue Aufgaben (z. B. einen Knopf schließen, die Hose hochziehen, den Fuß für die Strümpfe und Schuhe ausstrecken, die Windel abnehmen) in Begleitung und mit genügend Zeit selbst lösen kann und dass seine eigenen Lösungen akzeptiert werden. Viele Kinder in Piklers Kinderheim äußerten bis ins vierte Lebensjahr hinein das Verlangen nach liebevollem Gepflegtwerden, auf das sie offensichtlich lange verzichtet hatten. Diesem wurde so lange entsprochen, bis die Kinder sich selbst aus der schützenden Nähe entfernten und den Ablauf selbsttätig bewerkstelligen wollten und konnten.

So fanden viele Kinder einen Ausgleich zu erlebter Vernachlässigung und Beziehungsverlusten. Im Gegensatz zu fast allen anderen Säuglingsheimen in Europa wuchsen die Kinder in ihrer Einrichtung ohne Hospitalismusschäden auf, weil Pikler in der Erziehung zwei wesentliche Grundprinzipien verfolgte: beziehungsvolle Pflege und eine freie Bewegungs- und Spielentwicklung.

Merksatz
Pflegesituationen sind die Situationen im Tagesablauf, in denen jedes Kind und seine Bezugserzieherin Beziehung erleben und aufbauen können. Sie sind gekennzeichnet durch Körpernähe, volle Konzentration und innere Präsenz der Erwachsenen sowie durch Einfühlsamkeit, Achtung, Wärme und Respekt für die Bedürfnisse und Absichten des Kindes. Das Kind weiß, welcher Schritt warum als nächster „dran" ist, und hat in allen Phasen die Möglichkeit, entsprechend seinen Fähigkeiten selbsttätig mitzuwirken.

Beispiel: *Die Praktikantin Annette verbringt ihren ersten Tag in der Kindergruppe „Pusteblume". Es ist 11:15 Uhr. Um 12:00 Uhr soll sie das Mittagessen aus der Küche holen. Bis dahin hat sie Zeit, zu beobachten und sich für ihren Praktikumsbericht Notizen zu machen. Sie hat die Aufgabe, unterschiedliche Vorgehensweisen in Pflegesituationen zu beschreiben und sich für eine zu entscheiden.*
Die Erzieherinnen Ines und Karin bereiten sich auf das Wickeln vor. Jede von ihnen ist für die Körperpflege von sechs Bezugskindern zuständig.
Karin ist der Meinung, dass alle Kinder vor dem Essen eine neue Windel brauchen. „Das ist hygienischer und beim Essen angenehmer für die Kinder", meint sie. „Und das Hinlegen zum Schlafen ist danach auch einfacher für uns." Schnell überprüft sie, wer eine volle Windel hat. „Diese Kinder nehme ich als Erstes dran", erklärt sie. „Dann sind sie von der dicken Packung befreit." Zügig holt sie nacheinander die Kinder, legt sie auf den Wickeltisch, befreit sie rasch von der Windel, reinigt sorgfältig und

geübt die Popos und legt ihnen geschickt und flink frische Kleidung an. „Das geht aber schnell", sagt Annette bewundernd. „Das muss schnell gehen bei dieser großen Anzahl von Kindern. Wo sollten wir denn die Zeit für ‚Beschäftigungen' hernehmen, wenn wir uns mit den pflegerischen Aufgaben so viel Zeit ließen", entgegnet Karin. „Nach dem Mittagsschlaf möchte ich mit meinen sechs Kindern Blumen zum Thema Frühling basteln. Dann kann ich mich nicht mit Wickeln aufhalten." „Darf ich auch mal?", bietet Annette an. „Können Sie das denn?", fragt Karin zweifelnd.
Auch Ines erkundet, wer von den Kindern einen Windelwechsel braucht. Sie geht auf Augenhöhe mit Jan (1;6), der gerade eine Kiste durch den Raum geschoben hat und sich suchend umsieht. „Ich möchte dir jetzt eine neue Windel machen", kündigt sie an. „Nein. Ball rein", antwortet Jan. „Gut. So lange du den Ball für deine Kiste holst, bekommt Matti eine neue Windel. Wenn du den Ball gefunden hast und Matti fertig ist, komme ich wieder zu dir", erklärt Ines. Matti (1;8) steht am Tisch und betrachtet einen dunklen Brösel. „Das Fiege, heia!", erläutert er. Er ist offenbar müde und hat nichts dagegen, Ines jetzt zu begleiten und gemächlich das Treppchen auf die Wickelkommmode hochzusteigen. „Matti machen", bestimmt er, zieht sich die Hose samt voller Windel herunter und lässt sich auf den Popo plumpsen. „Und wie kriegen wir jetzt deinen Popo und die Decke hier sauber?", fragt Ines. Matti krabbelt flink zum Waschbecken neben der Wickelauflage und hockt sich so hinein, dass Ines ihn sanft mit warmem Wasser abduschen kann. Dann nimmt er einen triefenden Waschlappen, um sich beim Abwischen der Wickelfläche zu beteiligen. „Das will ich jetzt machen", sagt Ines. „Dein Lappen ist zu nass." Also guckt Matti zu und zeigt auf den Windeleimer. „Richtig, da ist deine Windel jetzt drin", antwortet Ines, woraufhin Matti nickt. Anschließend trocknet sie ihn vorsichtig ab. „Damit du nicht wund wirst, machen wir alles schön trocken", sagt sie und gibt Matti ein zweites Handtuch, mit dem er eifrig seine Knie abreibt. Anschließend streckt er ihr die Füße und die Hose hin. „Erst die Windel, dann die Unterhose, dann die Hose. Gib mir bitte die Windel", antwortet Ines. Dieser Aufforderung kommt Matti sofort und offensichtlich stolz nach. Er steht auf, um sie sich anlegen zu lassen. „Sobald die Kinder stehen können, lege ich die Windel nicht mehr im Liegen an", berichtet Ines.
Den ganzen Vorgang beobachtet Matti im großen Wandspiegel. Ines' Berührungen sind sachte, abwartend und respektvoll. Jede Tätigkeit kündigt sie vorher an und zeigt und beschreibt, wie sie es machen wird und was sie dazu braucht. So kann Matti sich auf das Bevorstehende einstellen und aktiv mitgestalten. Inzwischen ist Jan im Waschraum angekommen. Er erklettert das Treppchen, setzt sich neben Matti und sieht und hört zu. Offensichtlich gibt das vertraute Ritual beiden Kindern Sicherheit. „Kann ich dann Jan wickeln?", fragt Annette. „Du möchtest gern wissen, ob du dem schon gewachsen bist? Dazu muss ich dir sagen: Nein. Das Pflegen ist ein sehr sensibler Bereich, den bei uns nur die Bezugserzieherinnen übernehmen. Ich empfehle dir, so viel wie möglich zu beobachten, aufzuschreiben und deine Kenntnisse im Anerkennungspraktikum anzuwenden, wenn du selbst ein Bezugskind hast", erklärt Ines.
Als Annette das Mittagessen bringt, stellt sie fest, dass Ines nur Matti, Jan und Sophie mit Windeln versorgt hat. „Die anderen drei Kinder bekommen nach dem Essen eine neue Packung. Sie entspannen beim Windelwechseln und finden dann später gut in den Schlaf hinein", meint Ines. „Und was ist dann mit der ‚Beschäftigung'? Die schafft sie dann doch nicht", denkt Annette.

Aufgabe 56

Annette ist sich nicht sicher, ob sie sich für Karins oder für Ines' Arbeitsweise entscheiden soll. Welche Argumente sprechen Ihrer Meinung nach für Karins Vorgehen, welche für das von Ines? Und wie würden Sie handeln?
Tauschen Sie sich in der Lerngruppe über Ihre Entscheidung und die Begründung aus.
Bilden Sie anschließend Dreiergruppen und bearbeiten Sie folgende Fragen:

- *Was ist für Sie der grundlegende Unterschied zwischen beiden Vorgehensweisen?*
- *Wo sehen Sie Schwierigkeiten?*
- *Welche Gesichtspunkte waren für Ihre Entscheidung besonders wichtig?*

Versetzen Sie sich jetzt in die Situation von Annette. Welche Erwartungen haben verschiedene Personen oder Institutionen bezüglich der Pflege an sie?

- *Welche Erwartungen passen nicht zusammen und könnten zu einem Konflikt führen?*
- *Falls Annette sich für die Position von Ines entschieden hat: Üben Sie einmal in einem Rollenspiel, Ihre Position gegenüber Karin zu vertreten.*

Zur Veranschaulichung soll Ihnen die unten stehende Grafik dienen.

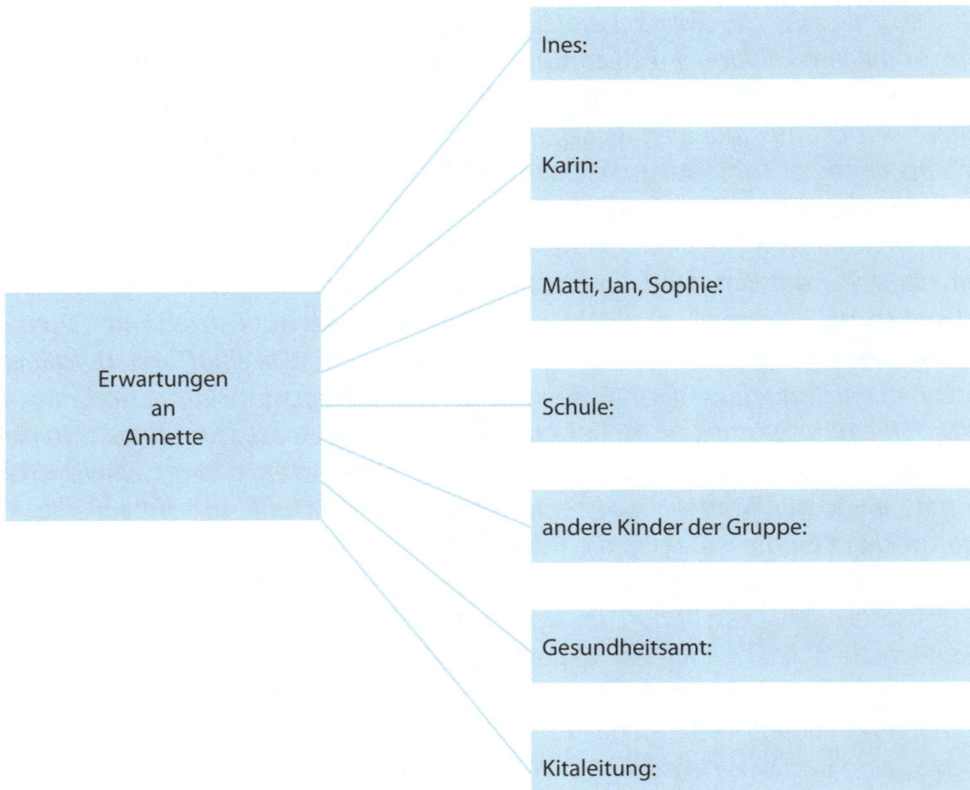

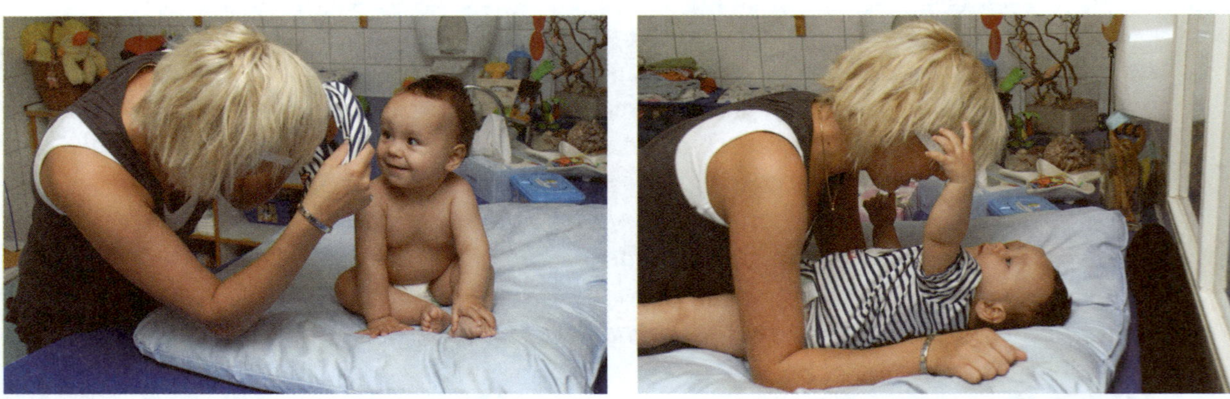

Ines und Nadiye beim Umziehen vor dem Mittagsschlaf

Beispiel: *Das sind Ines und Nadiye (0;9) beim Windelwechsel nach dem Mittagessen. Mit allen Sinnen ist Nadiye beteiligt und in Kontakt mit Ines. Zuerst lässt Ines Nadiye in Ruhe ihre Brille erforschen. Dann zieht sie Nadiye vorsichtig das T-Shirt aus. „So, zuerst der Kopf. Wo sind denn deine Arme? Und wo sind deine Hände?“, Nadiye zieht die Hände aus den Ärmeln. Dann singt Ines nach der Melodie von „Kuckuck, Kuckuck, ruft´s aus dem Wald“ eine kleine, selbst gedichtete Abwandlung:*
„Kuckuck, Kuckuck, guckt aus dem Nest.
Wo ist Nadiye, wo ist Nadiye?
Nadiye ist DA!“

Aufgabe 57

1. *Ines hat jetzt keine Zeit mehr für eine „Beschäftigung". Wie beurteilen Sie das? Begründen Sie Ihre Aussage.*
2. *Über WELCHE Sinne nimmt Nadiye wohl WAS wahr?*
3. *Welche sprachlichen Begriffe werden ihr vermutlich in dieser Situation angeboten?*
4. *Was lernt Nadiye über sich selbst, ihren eigenen Körper, über die Dinge in ihrer Umgebung und über die Erzieherin?*
5. *Welche sozialen und kognitiven Erkenntnisse gewinnt Nadiye beim Wickeln?*

4.3.2 Auf Probleme in Pflegesituationen angemessen reagieren

Beispiel: *In der Teamkonferenz spricht die Erzieherin Heike ein heikles Thema an. „Es ist mir unangenehm darüber zu sprechen, aber ich brauche euren Rat." Sie hat Probleme, Kontakt zu Arne (1;3) herzustellen, der die Kita seit drei Wochen besucht. „Ich kann Arne einfach nicht gern haben. Das merkt er bestimmt, wenn ich seine Windel wechsle. Ich muss immer den Kopf wegdrehen. Es ist schon sehr oft vorgekommen, dass er noch die Windel vom Abend vorher anhatte. Er ist oft verschwitzt und hat lange die gleiche Kleidung an, die meist nach Urin, Zigarettenrauch und abgestandenem Fett riecht. Außerdem hat er oft Durchfall. Was geben die ihm zu Hause bloß zu essen? Und womit ich gar nicht klarkomme: Er hat häufig blaue Flecken am Körper, besonders an den Oberarmen. Das ist doch unnatürlich für ein kleines Kind, oder?"*

Aufgabe 58

- *Versetzen Sie sich bitte in Heikes Situation. Welche Erwartungen spürt sie von wem?*
- *Verteilen Sie jetzt die verschiedenen Rollen in der Lerngruppe. Nacheinander äußern alle Beteiligten ihre Erwartungen an Sie in der Rolle von Heike.*
- *Antworten Sie auf jede der Erwartungen: „Ich nehme sie an, weil …" oder „Ich nehme sie nicht an, weil …"*
- *Versuchen Sie, für jede nicht anzunehmende Erwartung einen Wunsch an das Team oder eine andere der beteiligten Personen zu äußern.*

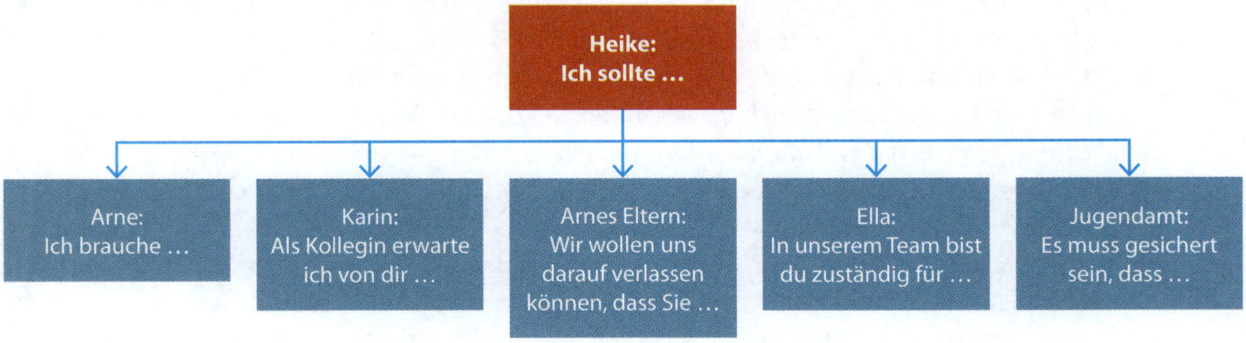

- *Haben sich für Sie in der Rolle von Heike Perspektiven ergeben, wie Sie demnächst mit einer ähnlichen Situation umgehen könnten? Tauschen Sie sich untereinander über Ihre Vorstellungen aus.*

Aufgabe 59

Heike und ihr Team diskutieren auf der Teamkonferenz, wie Arnes Situationen im Alltag und während besonderer Ereignisse den Bedürfnissen des Kindes angepasst werden können. Auch stellen sie die Frage, was Heike als Bezugserzieherin verändern kann, damit sich ihre Abneigung gegen Arne verringert.

Bitte überlegen Sie, zu welchen Situationen im Team Veränderungsvorschläge erarbeitet werden könnten.

4.4 Kinder beim Trockenwerden begleiten

Jedes Kind möchte groß werden und die gelungene Kontrolle von Darm und Blase ist nach Ansicht der meisten Kinder unter sechs Jahren dafür ein wichtiger Indikator. So viele Wege, wie es Kinder gibt, führen zum Ziel und jedes Kind nimmt seinen eigenen Weg. Die Erfahrung in der Kita hat gezeigt, dass die Jüngsten hier, wie in allen anderen Bereichen auch, Entscheidendes voneinander lernen. Dennoch wirken die Lernerfahrungen aus der Familie in den Prozess des Trockenwerdens in der Kita hinein. Für einige Eltern ist der eigene Prozess des Sauberwerdens mit belastenden Erfahrungen verknüpft, die sie möglicherweise auf die Reinlichkeitsanforderungen an ihr eigenes Kind und an das Erzieherverhalten in der Kita übertragen. Deshalb haben wir es hier mit einem vielschichtigen Aufgabenbereich zu tun. Nicht nur physiologische Prozesse, z. B. die Kenntnis darüber, was im Körper abläuft und welche Lernvorgänge die Kontrolle von Blase und Darm befördern und beeinflussen, sondern auch die psychologischen Prozesse, die mit der Wahrnehmung der eigenen „Produkte" und der „Trennung" von ihnen verbunden sind, beeinflussen die Persönlichkeitsbildung der Kinder. Im Kapitel 5.2 des Lehrbuchs erfahren Sie das Wichtigste über dieses komplexe Geschehen. Dort erhalten Sie auch Anhaltspunkte für die Bearbeitung der folgenden Beispiele.

Beispiel: *Als Manuel zwei Jahre und drei Monate alt ist, wird sein Bruder Golo geboren. In den ersten sieben Monaten ist er darüber glücklich: Er beteiligt sich am Füttern und Windeln, er möchte auch selbst wieder aus dem Fläschchen trinken und verhält sich sehr liebevoll seinem kleinen Bruder gegenüber. Das ändert sich, als dieser mit acht Monaten in Manuels Kindergruppe aufgenommen wird. Nachdem er sich dort eingewöhnt hat, beginnt Golo, überall herumzurobben und nimmt dabei offenbar besonders Manuels Tätigkeiten und Spielsachen aufs Korn. Was dieser in der Hand hat, reißt Golo an sich und hält es fest. Überdies zupft er seinen Bruder öfter auffordernd am Pullover und stört deshalb sein Spiel. Manuel seinerseits fängt an, ihn öfter zu knuffen, zu schubsen, ihm Spielzeug wegzunehmen und ihn auf vielerlei Weisen zu ärgern. Zu seiner Bezugserzieherin Ella sagt er: „Golo ist nicht mein Bruder. Du sollst ihn wieder ins Krankenhaus zurückbringen!" Manchmal wacht er in der Mittagsruhe weinend auf und berichtet über schlimme Träume, z. B.: „Golo piekt mich in die Augen." Bisher war Manuel annähernd trocken gewesen, hatte von sich aus das Kinderklo aufgesucht und verlangte nur noch selten eine Windel. Das ändert sich jetzt. Am Vormittag vergewissert er sich stets, dass er die Windel noch trägt und dass sein Windelvorrat noch voll ist. Einige Wochen lang begibt er sich stündlich in den Waschraum, um neu gewickelt zu werden. Auch wenn es draußen sommerlich warm ist, traut er sich nicht, wie alle anderen Kinder, „unten ohne" zu spielen. Er ist reizbar, spielt unlustig und wendet sich anderen Kindern seltener zu. Am Ende des Sommers – es ist noch richtiges Badewetter – macht Ella mit den Kindern einen Ausflug zum nahe gelegenen See und alle Kinder spielen nur mit Höschen und Sonnenhut bekleidet im Sand. Plötzlich verlangt Manuel aufgeregt, auf die Toilette gebracht zu werden, zieht sich selbst die Windel herunter und macht tatsächlich einen kleinen Haufen. Er ist sehr stolz, erzählt allen davon und verlangt in den nächsten Tagen immer seltener nach der Wickelprozedur. Sein Verhältnis zu Golo bessert sich. Er bezieht ihn öfter in sein Spiel ein. Ella hört manchmal, wie er zu seinem Bruder sagt: „Warte, Golo, ich komme gleich wieder, ich gehe mal aufs Klo, pieschen!" Zur neuen Praktikantin sagt er eines Tages: „Golo ist mein Bruder."*

Aufgabe 60

Im Folgenden finden Sie eine Tabelle, in der verschiedene Verhaltensweisen Manuels kurz beschrieben sind, die im Alltag Anlass zum Nachdenken geben.

Manuels Verhalten	Mögliche Ursachen	Angemessene Reaktionsformen
Er beteiligt sich am Füttern und Windeln und möchte auch selbst wieder aus dem Fläschchen trinken.		
Er knufft und schubst seinen Bruder.		
Er nimmt seinem Bruder Dinge weg.		
Er verlangt stündlich eine neue Windel.		

- *Bitte vervollständigen Sie die Tabelle. Tragen Sie weitere irritierende Verhaltensweisen ein, die Sie im Text finden.*
- *Überlegen Sie jeweils, was Manuel wohl zu seinem Verhalten veranlasst, und schreiben Sie Ihre Vermutungen in die entsprechende Spalte.*
- *Machen Sie begründete Vorschläge, wie Erwachsene auf dieses Verhalten jeweils sinnvoll reagieren könnten.*

Beispiel: *Tanja ist zwei Jahre und einen Monat alt. Eines Morgens kommt ihre Mutter Julia verlegen und unsicher auf die Erzieherin Ella zu. „Ist Ihnen das auch schon aufgefallen?", druckst sie herum und spricht dann sehr zögerlich weiter. „Bis vor einigen Wochen hat Tanja immer ganz brav still gelegen, wenn ich sie gewickelt habe. Ich habe ihr dann immer etwas zum Spielen in die Hand gegeben und damit war sie zufrieden. Seit einiger Zeit will sie beim Wickeln stehen. Was noch schlimmer ist, sie verlangt, ihr Produkt zu sehen und es auch anzufassen. Wenn ich nicht aufpasse, fasst sie zu! Dabei kommentiert sie: großer Haufen, kleiner Haufen, Kaka. Sie schmiert sofort damit herum, wenn ich die Bescherung nicht schleunigst vernichte. Bis vor einigen Tagen hat sie uns das Vollsein ihrer Windel laut mit einem ‚Iiiiih' angekündigt. Ich glaube, damit hat sie mich imitiert. Aber das macht sie jetzt nicht mehr. Sie guckt jetzt immer ganz zufrieden und konzentriert vor sich hin, wenn die Windel voll ist, und findet das wohl auch noch schön. Ich finde das nur peinlich! In den letzten Wochen hat sie im warmen Wasser dreimal genießerisch kleine Haufen losgelassen. Was ist nur mit dem Mädchen los?"*

Aufgabe 61

Sie möchten mit Julia ein Gespräch führen, damit sie sich das Verhalten ihrer Tochter erklären kann. Bitte überlegen Sie die „Rahmenbedingungen" für das Gespräch. Anregungen dazu finden Sie im Lehrbuch im Kapitel 4.4; 5.1.

- *Wie erklären Sie ihr Tanjas Vorliebe für ihre Ausscheidungsprodukte?*
- *Was können Sie in der Kita tun, um Tanjas Interessen durch begleitende Angebote zu kanalisieren?*

Beispiel: *Janine (1;11) ist tagsüber trocken, als sie in Ellas Gruppe aufgenommen wird. Die Eltern sind sehr stolz darauf, dass ihre Tochter keine Windeln mehr braucht und auch das Töpfchen ablehnt, weil sie von Anfang an auf einen Kindersitz auf die Toilette der „Großen" gesetzt wurde. „Sie müssen nur eines bedenken", sagt Janines Mutter, „Sie müssen neben ihr sitzen, wenn sie draufsitzt.*

Sonst weint sie. Ich habe sie mal gefragt, warum sie so ein Theater macht. Sie hat gesagt, da ist jemand im Klo und schmeißt die ganze Schiete wieder raus. Ich verstehe einfach nicht, wen sie meint. Dann weint und schreit sie. Sie ist davon nicht abzubringen. Was soll bloß das Theater?"

Aufgabe 62

- *Macht Janine Theater? Begründen Sie Ihre Meinung.*
- *Wie lässt sich Janines Verhalten erklären?*
- *Bitte entwickeln Sie Gesichtspunkte für ein Gespräch mit Janines Mutter. Anhaltspunkte dazu finden Sie im Lehrbuch im Kapitel 5.2.*

Dass Eltern und Erzieherinnen manchmal unterschiedliche Vorstellungen zur frühkindlichen Erziehung haben und sich dabei möglicherweise offen oder verdeckt gegenseitig ihre pädagogische Kompetenz absprechen, zeigt sich am sensiblen Bereich des Sauberwerdens manchmal besonders deutlich. Aus diesem Grunde lohnt es sich, dazu die „unterschiedlichen Interessen und Ziele" genauer unter die Lupe zu nehmen und sich dabei viel Zeit zu lassen.

Beispiel: *Kevin (1;3) verbringt heute in Begleitung seiner Mutter zum ersten Mal drei Stunden in der Kita. Etwas verhalten bleibt er dicht bei ihr, folgt ihr überall hin und nimmt noch wenig Kontakt zu den anderen Kindern auf. Als Ella das Frühstücken ankündigt und Kevins Mutter einen Platz neben ihrem Sohn anbietet, sagt diese bestimmt: „Das können wir nachher machen. Jetzt muss er erst mal aufs Töpfchen. Das ist jetzt seine Zeit." Gleichzeitig zieht sie eine große Tüte hervor und packt sechs bunt-weiß gemusterte Plastiktöpfchen aus. „Und übrigens habe ich Ihnen die mitgebracht. Ich sehe, Sie haben für Ihre Kinder ja gar keine Töpfchen. Der hier mit dem Elefant ist Kevins, den kennt er schon, den müssen Sie ihm abends mitgeben, denn nur auf dem macht er sein Geschäft!" Sie stellt das Töpfchen in einer Ecke des Gruppenraums auf: „Da hat er es gemütlich." Dann zieht sie Kevin rasch Hose und Windel aus, setzt ihn hin und lockt mit hoher, freundlicher Stimme: „Komm, bschbsch machen, mein Schätzchen!" Kevin bleibt wenige Sekunden sitzen, steht dann schnell wieder vom Töpfchen auf und zeigt strahlend und stolz ein „Bächlein" vor, woraufhin er von seiner Mutter laut und fröhlich gelobt wird. „Sehen Sie? So müssen Sie es machen. Er ist tagsüber schon trocken. Und das soll auch so bleiben."*

Ella ist verblüfft und ungehalten. Erstens fühlt sie sich kritisiert, zweitens hat sich das Frühstück durch den Eingriff von Kevins Mutter beträchtlich verzögert. Ihr Unmut steigert sich, als sie hört, wie Kevins Mutter ihre Kritik anderen Eltern erzählt und von denen deutliche Zustimmung erhält. Mehrere Mütter sind der Meinung, dass das Thema „Sauberkeitserziehung" in der Kita „zu lax" gehandhabt werde. Sie selbst seien mit 18 Monaten trocken und sauber gewesen. Warum sei das in der Gruppe ihrer Kinder nicht durchführbar? Ella überlegt, wie sie auf Kevins Mutter reagieren soll. Sie bringt das Problem auf die Tagesordnung der nächsten Bereichsbesprechung.

Aufgabe 63

Führen Sie mit Ihrer Lerngruppe während eines Projekttages oder in einem Workshop folgendes System-Rollenspiel zur Problemklärung durch (vgl. Lahninger, 1998, S. 254):

Rollenverteilung:

- *Wer versetzt sich in die Rolle von Ella?*
- *Wer ist Akteurin, wer ist Beobachter?*

Zielklärung:

- *Was will Ella erreichen (in Bezug auf Kevins Mutter)?*
- *Was wollen wir als Team erreichen (in Bezug auf andere Eltern in der Gruppe)?*

Einflussfaktoren auf das Umfeld:

- *Wen geht das Problem an? (Beispiel: Kevin, zwei gleichaltrige Kinder in der Gruppe, Kevins Mutter, Kevins Großmutter, drei kritische Eltern, Ella, Helga, die Kitaleitung, die beratende Psychologin, den Kinderarzt)*
- *Wie viel Einfluss haben die einzelnen Betroffenen? (Tipp: Das können Sie darstellen, indem Sie für jede Person einen Hocker im Raum aufstellen. Legen Sie auf jeden Hocker einen Zettel, auf dem Sie die „Wichtigkeit" der Person als fortlaufende Zahl notieren.)*

Positionen und Argumente der Beteiligten:

- *Wie sehen die einzelnen Beteiligten das Problem? (Tipp: Die Leitung kann hier die Betroffenen interviewen, sodass jeder seinen Standpunkt darstellen kann.)*

Diskussion:

- *Jeder Betroffene argumentiert aus seiner Sichtweise. Jeder soll dabei entsprechend seiner „Wichtigkeit" zu Wort kommen. Die Argumente werden auf den Plakaten aufgelistet.*

Auswertung:
- *In welchen Zielen sind sich die Beteiligten ähnlich oder sogar einig?*
- *Was sind fachliche (z. B. entwicklungspsychologische) Gesichtspunkte?*
- *Welche Vorgehensweise wird als zielführend akzeptiert?*
- *Welche Auswirkungen wird das für die Arbeit in der Gruppe haben?*
- *Welche Unterstützung erhalten diejenigen, deren Argumente wenig berücksichtigt wurden?*

4.5 Krankheiten und Unverträglichkeiten erkennen und mit ihnen umgehen

Beispiel: *Zunehmend verzweifelt bringen Sonjas Eltern ihre Tochter (2;2) in die Kita. Im Gespräch mit Karin und Ines berichten sie: „Als ganz kleines Baby hatte sie Milchschorf. Das war noch nicht so schlimm, da konnte sie sich ja noch nicht kratzen und wir haben es mit fetthaltiger Salbe ganz gut in den Griff bekommen. Aber jetzt könnten wir ständig alle aus der Haut fahren. Wenn mein Mann auf seiner Anlage laute Musik spielt, wenn die Nachbarin, die Tante oder die Omas zum Babysitten kommen, wenn viel Besuch da ist oder wenn der Besuch raucht – ich kann denen doch das Rauchen nicht verbieten – oder sogar, wenn es im Zimmer warm wird, fängt das Kratzen an. Wir haben nun mal viel Besuch, wir können den doch nicht rausschmeißen. Meistens kommen wir mit kalten, nassen Tüchern, das hilft. Baden wäre schön, aber mit dem Kind kann ich ja nicht ins Schwimmbad gehen. Die Leute befürchten Ansteckung. Schwitzen darf Sonja nie, das verschlimmert alles. Ich mag im Sommer mit ihr nicht zum Einkaufen gehen, wie sieht sie denn aus mit den zerkratzten Armen? Ich ziehe ihr schon immer langärmlige T-Shirts und Hosen an." Auf die Frage nach den Ernährungsgewohnheiten der Familie sagt Sonjas Mutter: „Nach Eiscreme, Milchbrei und Quarkspeise kratzt sie sich immer besonders viel."*

Aufgabe 64

Bitte informieren Sie sich zunächst über das Krankheitsbild der atopischen Dermatitis (oder auch Neurodermitis). Auf der Internetseite www.kindergesundheit-info.de/930.0.html finden Sie die benötigten Einzelheiten.

- *Was hat „ Milchschorf" mit Neurodermitis zu tun?*
- *Füllen Sie die Endpunkte der unten stehenden Mindmap aus: Was bedeutet die Krankheit für Sonjas emotionale, soziale, psychomotorische und kognitive Entwicklung?*

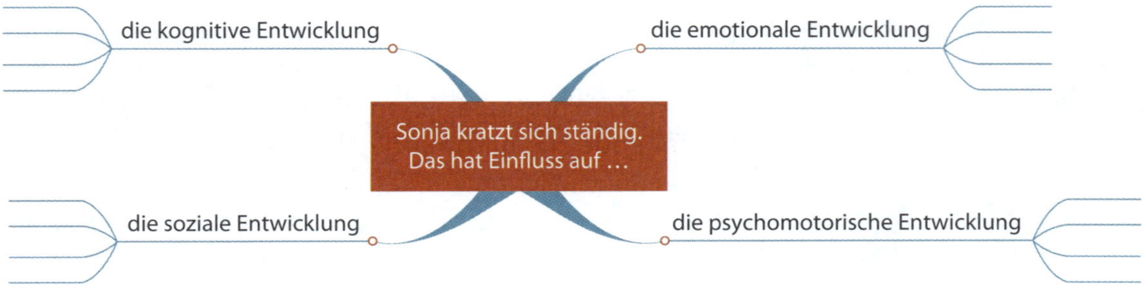

Aufgabe 65

Sie können die Bedingungen in Sonjas Elternhaus nicht ändern. Sie können die Eltern höchstens durch Ihr eigenes Vorbild und Gespräche beeinflussen. Bilden Sie Kleingruppen zu folgender Leitfrage: „Was können wir in der Kita für Sonja tun?" Ordnen Sie jeder Gruppe einen Punkt aus der unten stehenden Auflistung zu, die Ihnen das Vorgehen veranschaulichen soll. Scheiben Sie Ihre Gesprächsergebnisse auf farbige Karten. Ordnen Sie diese nach folgenden Gesichtspunkten:

- *Wie können wir den Tagesablauf Sonjas Bedürfnissen anpassen? (Rote Karten)*
- *Was können wir in der Kindergruppe tun? (Grüne Karten)*
- *Wie könnte Sonjas Ernährung in der Kita umgestellt werden? (Orangefarbene Karten)*
- *Was sollte beim Baden, Waschen und Windel-Wechseln beachtet werden? (Gelbe Karten)*
- *Was besprechen wir mit den Eltern? (Blaue Karten)*
- *Was besprechen wir mit dem Hausteam, auch mit dem Hauswirtschaftsbereich? (Weiße Karten)*
- *Was werden wir im nächsten Vierteljahr umsetzen?*
- *Was ist eine Perspektive für das nächste Jahr?*

Präsentieren Sie Ihre Ergebnisse auf einer Wandzeitung und ordnen Sie die verschiedenfarbigen Karten auf einer Zeitleiste an.

Was verändern wir

- *sofort,*
- *in den nächsten drei Monaten,*
- *im nächsten Jahr?*

4.6 Das Spielen am Vormittag und Nachmittag begleiten

Wie Sie im Kapitel 5.6 des Lehrbuchs erfahren haben, benennt, umschreibt und charakterisiert der Begriff „Spiel" alle Handlungen, Zielsetzungen und Ideen der Kinder in ihren jeweiligen Erfahrungs- und Auseinandersetzungsprozessen. Deshalb trennen wir im Tun der Kinder in der Unter-drei-Gruppe nicht zwischen „Spielen" und „Lernen", sondern wir sehen jede Form des selbst initiierten Spielens als wesentlichen frühkindlichen Lernprozess. Diese Prozesse im Tagesablauf zu verankern, zu beobachten und zu reflektieren, ist Ziel und Inhalt von Frühpädagogik.

Basis der Spielplanung von Erzieherinnen sind oft Erinnerungen an das eigene Spielen in der Kindheit und die damit verbundenen Emotionen, Erfahrungen und Erkenntnisse. Es kann also davon ausgegangen werden, dass Pädagogen diejenigen Spielaktionen der Kinder besonders unterstützen und anregen, die für sie selbst spannende Erkenntnisöffner waren.

Aufgabe 66

Bitte versuchen Sie, in Ihrer Erinnerung weit in die Kindheit zurückzugehen.

- *Welche Spiele fallen Ihnen auf Anhieb ein, die Sie besonders gern gespielt haben?*
- *Warum haben Sie diese Spiele bevorzugt?*
- *Was fanden Sie daran besonders spannend? Was haben Sie dabei erfahren und über sich selbst gelernt?*
- *An wen haben Sie dieses Spiel schon weitergegeben bzw. mit wem haben Sie es gespielt?*

Im Spiel bearbeiten Kinder wichtige aktuelle Grunderfahrungen. Sie machen z. B. erste Erfahrungen mit sich selbst. Sie erleben die Abenteuer, die mit dem Aufrichten, Stehen und Gehen verbunden sind, beschäftigen sich mit den Dingen in ihrer Lebenswelt und begegnen dabei Menschen, Tieren, Pflanzen, Naturphänomenen und Ereignissen in der sozialen Umwelt. Sie suchen beharrlich und auf ihre Weise nach Wegen, um sich Fähigkeiten und Wissen anzueignen, ohne dass Beobachtern ihre Herangehensweise auf Anhieb bewusst wird. Die ratlose Frage: „Was will das Kind bloß mit diesem Spiel erreichen?" entzündet sich oft an Situationen, in denen ein kleines Kind – oft unverständlich oder sogar irritierend für Erwachsene – wirksame Ideen des Selbstlernen entwickelt, die effektiver sind als jede Unterstützung durch beispielsweise die methodische Planung von Förderangeboten oder didaktische Überlegungen zur Tageslaufgestaltung.

Beispiel: *Timmi (2;6) hat während eines Besuchs in der benachbarten Elementargruppe beobachtet, wie die Kinder Kreise für ein buntes Mobile ausschnitten. Er kann seit einiger Zeit schon recht gut mit der Schere umgehen und möchte es nun den Großen nachtun. Er holt sich die Schere und ein Stück Tonpapier und versucht sein Glück. Trotz aller Mühe gelingt es ihm nur, kreuz und quer und geradeaus durch das Papier zu schneiden. Er schafft es einfach nicht, eine Rundung hinzubekommen, und wirkt während jedes neuen Versuches immer ungeduldiger. Plötzlich wirft er empört die Schere hin und fegt die Schnipsel vom Tisch. Er holt sich ein Auto aus dem Regal, legt sich bäuchlings auf den Bauteppich und lässt es brummend wieder und wieder im Kreis herumfahren. Das Gleiche tut er mit einem Bauklotz, mit Murmeln und mit einem Holzschiff. Diese Bewegungen wiederholt er immer wieder, tagelang. Die Schere würdigt er keines Blickes mehr und das Ausschneiden scheint vergessen zu sein. Das ändert sich nach etwa zehn Tagen. Spontan ergreift er die Schere erneut und legt los. Es gelingt ihm, ein zwar eckiges, aber geschlossen wirkendes Gebilde zu produzieren, das entfernt an ein Ei erinnert.*

Aufgabe 67

- *Was ist geschehen? Wie hat Timmi sich das Schneiden von Rundungen beigebracht?*
- *Was brauchte er dazu?*
- *Wie hat die Erzieherin wohl das Spiel unterstützt – räumlich, materiell und durch ihr Verhalten?*

Schäfer (1995, S. 172) weist darauf hin, dass sich das nicht gelenkte frühkindliche Spiel in einem stabilen Zustand hält und sich als gemeinsamer Handlungs- und Erfahrungsprozess der Spielgruppe kontinuierlich weiterentwickelt. Seine Gesamtstruktur erhält sich, während es sich gleichzeitig fortlaufend aus sich selbst heraus verändert, weil die einzelnen Spielelemente sich verändern.

__Beispiel:__ Seit einigen Tagen haben die Kinder ein wachsendes Interesse an den säuberlich aufgestapelten Eierkartonquadraten im Atelier entwickelt. In den ersten Stunden beklopfen sie die Stapel, schieben sie hin und her und krabbeln darum herum. Die Größeren versuchen, die Quadrate zum Wackeln zu bringen. Als das gelingt, bringen sie zunächst die akkurate Ordnung der Sammlung durcheinander. Sie zerstören die Stapel und machen „Unordnung", indem sie sie durcheinanderwerfen, unter die Tische schieben, sie wieder aufeinanderstapeln und die Stapel wieder einreißen. Vincy (1;6) tritt erst zögernd, dann heftiger auf eine der Ausbuchtungen einer Eierpappe und trampelt dann mit seinem ganzen Gewicht darauf herum, bis fast alle Wölbungen platt getreten sind. Wer laufen kann, macht es ihm mit Juchzen und Kichern, allein und mit Festhalten am Pullover anderer Kinder, nach. Nachdem die Pappen auch noch zerknickt und gerollt wurden, scheint eine Art Stillstand einzutreten. Die Kinder sind unschlüssig. Die Erzieherin Jasmin hat das Tun der Kinder beobachtet. Sie hat die Idee, ihnen anzubieten, aus den Eierkartons Pappmaschee herzustellen oder die Kartons mit buntem Papier zu bekleben. Sie stellt sich darauf ein, Kleister, farbige Papiere, Schüsseln, Scheren und Vorschläge bereitzuhalten, damit die Kinder lernen können, wie das Material auch einzusetzen ist. Bevor sie ihren Vorschlag anbringen kann, steht Cemal (2;1) auf und rennt mit einem intakten Eierkarton in der Hand zum Kugelbad nebenan im Flur. Es enthält Tausende farbiger Plastikbällchen und wird von den Kindern in der Regel zum Darinwälzen, Untertauchen und Verstecken von Gegenständen genutzt. Cemal schleppt seinen Eierkarton zum Becken und wählt ausschließlich rote Kugeln aus, die er akkurat in die „Fächer" des Eierkartons sortiert. Andere Kinder beobachten aus der Entfernung des Nebenraums diesen Vorgang. Einige ergreifen ebenfalls einen Eierkarton und ahmen in der Folge Cemals Sortierspiel mit Farbvariationen nach. Einzelne fangen an, die Kugeln zu benennen. Es fallen Begriffe wie Lollis, Äpfel und Eier.

Aufgabe 68

- *Was hat wohl die Aufmerksamkeit der Kinder geweckt?*
- *Welche sinnlichen Erfahrungen bietet ein Eierkarton?*
- *Wie hat sich das Spiel entwickelt?*
- *Welche Erfahrungen und Fähigkeiten haben die Kinder sich im Spiel organisiert und erarbeitet?*

Die oben beschriebene nachhaltig wirkende, sich immer wieder verändernde Eierkartonaktion dauerte insgesamt fast zwei Stunden und nahm damit nahezu den gesamten Vormittag ein. Wahrscheinlich hätte sie sich in dieser Intensität am Nachmittag nicht entwickelt. Denn in der Zeit nach dem Frühstück von neun bis zwölf Uhr sind die meisten Kinder (und auch die Erzieher) voller Energie, Unternehmungslust, Aktivität und Bereitschaft, sich auf Neues einzulassen. Die Kinder wollen sich auf breitester Ebene betätigen und brauchen dafür Material und möglicherweise auch weiterführende Anregungen. Dazu weitere Beispiele aus zwei Kitas.

__Beispiel:__ In der Kita „Pusteblume" liegt der Beginn des Mittagessens zwischen 12:30 und 12:45 Uhr, weil die meisten Kinder zwischen 08:00 und 09:00 Uhr gebracht werden. So ist zwischen dem Ende des Frühstücks (09:30 Uhr) und der nächsten Mahlzeit eine weite Zeitspanne für intensive, erlebnisorientierte Spielsituationen offen. Alle Kinder können ihrem Tempo gemäß ihre Tätigkeiten wählen und zu Ende spielen, ohne gedrängt zu werden. Heute regnet es „Bindfäden". Trotzdem ermöglichen die Erzieherinnen Ella und Jasmin den Kindern, die es möchten, das Draußenspielen. Sechs Kinder nehmen dieses Angebot an, fünf Kinder möchten lieber drinnen bleiben. Dazu gehört auch Olaf, der sich fast regelmäßig weigert, mit nach draußen zu gehen. Ella und Jasmin sind heute zu dritt in der Gruppe, weil sie von Tülay, der Praktikantin aus der Berufsfachschule für sozialpädagogische Assistenz, unterstützt werden.

Aufgabe 69

- *Wie könnten die Erwachsenen am sinnvollsten die Aufgaben unter sich aufteilen?*
- *Welche Angebote eignen sich an diesem Tag besonders gut für Kinder, die drinnen spielen wollen?*
- *Was braucht Olaf? Wie würden Sie ihn ansprechen?*
- *Was sollten die Kinder draußen vorfinden können? Denken Sie dabei an die Aufteilung und Ausstattung des Außengeländes.*
- *Was ziehen die Kinder für ihr Spiel draußen an?*
- *Welches Zubehör, welche Spielsachen, Geräte und Hilfsmittel nehmen sie mit?*
- *Was bereiten Jasmin und Ella für die Spielaktionen vor?*
- *Womit müssen sie rechnen? Wie ist damit umzugehen?*

Anregungen zur Bearbeitung der Aufgaben finden Sie im Kapitel 5.6.4 und 5.6.5 des Lehrbuchs.

Beispiel: *In der Kita „Krümelkiste" hat der Praktikant Thomas heute seinen ersten Arbeitstag und arbeitet in der Gruppe der Erzieherinnen Brigitte und Waltraud mit. Hier sieht der Vormittag anders aus als in der „Pusteblume". Da fast alle Kinder zwischen 06:00 und 07:00 Uhr in die Kita kommen und viele von ihnen bis 18:00 Uhr bleiben, wird das Frühstück um 07:30 Uhr und das Mittagessen bereits um 11:15 Uhr serviert. „Unsere Zeit für Spielaktionen am Vormittag ist sehr begrenzt. Wenn es wie heute Bindfäden regnet, gehen wir nicht auf das Außengelände. Es lohnt sich nicht, alle Kinder umzuziehen. Sie werden auch immer so unruhig, wenn sie beim Umziehen aufeinander warten müssen. Wir können die Kinder nicht einzeln rauslassen, denn sie hauen sich sofort mit den Schaufeln. Außerdem haben wir auf unserem Außengelände nicht genug attraktives Spielzeug und die Sandkiste ist zu klein. Wir müssen immer aufpassen, dass die Kinder nicht auf dem Rand von unserem neuen Hochbeet balancieren. Sie könnten schließlich in das Beet fallen und die Blumen kaputt machen. Stattdessen spielen wir lieber alle im Bewegungsraum und bauen einen Miniparcours auf. Alle Kinder gehen mit und so haben sie genügend Möglichkeiten, sich auszutoben", erklärt Brigitte.*

Aufgabe 70

- *Wie beurteilen Sie die Aussage zum „ Zeitbudget" in der „Krümelkiste"?*
- *Welche Empfehlungen würden Sie zur Ausstattung des Spielgeländes geben?*
- *Machen Sie Vorschläge dazu, wie Thomas den Parcours gestalten könnte. Welche Geräte kann er anbieten, um den Bedürfnissen der Kinder nach Robben, Krabbeln, Laufen, Rennen, Sich-Drehen, Sich-Hochziehen, Schaukeln, Balancieren, Klettern und Hüpfen zu entsprechen? Was brauchen die Kinder dafür an Sicherungsmöglichkeiten (z. B. Fallschutz)? Fertigen Sie eine entsprechende Zeichnung an.*
- *Was können Kinder im Bewegungsraum tun, die eher auf Ruhe und Rückzug gestimmt sind?*
- *Welche weiteren Möglichkeiten sehen Sie für bewegungsfreudige Kinder an einem Regentag?*
- *Bitte machen Sie Vorschläge zur Arbeitsteilung für Brigitte, Waltraud und Thomas: Wer könnte was wo begleiten oder anregen?*

__Beispiel:__ Als die Gruppe im Bewegungsraum ankommt, läuft Paddy (1;6) sofort zum Lichtschalter. Er versucht vergeblich, heranzukommen, und holt sich schließlich eine Kiste aus dem Bewegungsparcours, steigt hinauf und beginnt, den Lichtschalter fortdauernd und beharrlich an- und auszuknipsen. „Lass das, Paddy, du nervst!“, ruft Thomas aus einer Ecke des Bewegungsraumes, wo er neben der Minirutsche aufpasst, dass nichts passiert. „Der Lichtschalter ist kein Spielzeug!“ Erschrocken springt Paddy von der Kiste und weint.

Aufgabe 71

- *Warum beteiligt sich Paddy wohl nicht am Bewegungsspiel auf dem Parcours?*
- *Auf welche Spielbedürfnisse lässt Paddys Verhalten schließen? Warum wählt er den Lichtschalter als „Spielzeug“? Was möchte er daran erfahren, ausprobieren, testen?*
- *Der Lichtschalter ist tatsächlich kein Spielzeug, sondern eine Gefahrenquelle. Wie machen Sie Paddy das begreiflich? Welche anderen Möglichkeiten sehen Sie, um Paddys Erfahrungsbedürfnissen zu entsprechen? Wie können sie in diesem Vormittagsarrangement ihren Platz finden?*

__Beispiel:__ Nach den Aktivitäten im Bewegungsraum gehen alle Kinder in den Waschraum zum Händewaschen. Sofort ergreift Sammy (1;3) mehrere Zahnbecher und läuft damit zu einem der kleinen Waschbecken, um die Becher mit Wasser zu füllen und dieses von einem Becher in den anderen rinnen zu lassen. Sein Spiel wird allerdings laufend unterbrochen, weil der Wasserhahn aus Ersparnisgründen auf zehn Sekunden Laufzeit eingestellt ist. Nach dem Händewaschen versammeln sich die Kinder wieder in ihrem Gruppenraum, der mit seinen 70 Quadratmetern der größte der „Krümelkiste“ ist. Er ist vollständig mit pflegeleichtem Linoleum in einem freundlich-warmen Gelbton ausgelegt. Brigitte und Waltraud haben ihn in ganzer Breite mit einer ein Meter hohen Trennwand unterteilt. Auf der einen Seite befinden sich Tische und Stühlchen und ein Schrank für das Essgeschirr. Auf der anderen Seite sind die Spielzeugschränke, eine Kuschelecke und ein kleines offenes Regal mit Autos. „Die Raumteilung finden wir sehr gut. So ist die Kindergruppe halbiert. Wir können die Kinder, die still spielen wollen, am Tisch beschäftigen, während die anderen herumlaufen und sich austoben können. Seitdem wir diese Trennwand haben, streiten sie nicht mehr so viel. Trotzdem ist der Lärmpegel immer noch sehr hoch. Dauernd müssen wir dazwischen gehen, wenn die Kinder spielen. Und ständig klettern sie auf den Tischen und Stühlen herum. Das sollen sie nicht, denn an den Tischen wird auch gegessen. Da würden wir gern noch etwas ändern. Aber was?“

Aufgabe 72

Warum ist es im Gruppenraum oft so laut? Warum streiten sich die Kinder so häufig? Warum müssen Brigitte und Waltraud so oft Nein sagen?

- *Entwickeln Sie Vorschläge für eine Raum- und Materialplanung, die Brigitte und Waltraud darin unterstützt, die Häufigkeit des Nein- sagen-Müssens und den Lärmpegel in der Gruppe zu verringern. Berücksichtigen Sie dabei Spielbedürfnisse von Kindern unterschiedlicher Entwicklungslevels. (Vorschläge dazu finden Sie im Lehrbuch auf den Seiten 53 bis 76)*

Aus den biologischen Gesetzmäßigkeiten des Tagesrhythmus ergibt sich, dass kleine Kinder auf dem „Leistungsgipfel“ am Vormittag eher bewegungs- und erlebnisintensive Aktivitäten brauchen. Kleine Ausflüge und Besuche in die nähere Umgebung sind ebenfalls beliebte Vormittagsaktionen, wie die folgenden Beispiele zeigen.

__Beispiel:__ Die Erzieherinnen Jasmin aus der Kita „Pusteblume" und Brigitte aus der „Krümelkiste" unterhalten sich über die Planung von Spielangeboten auf Ausflügen in die nähere Umgebung. „Ach, Sie meinen das tägliche ‚Spazierenstehen' – so erleben es jedenfalls wir Erwachsenen. Den Kindern geht's natürlich ganz anders!", meint Jasmin. „Das Wichtigste ist, sich Zeit zu nehmen. Dann ergibt sich alles andere von selbst. Ich kann einen solchen Spaziergang nicht planen. Ich nehme einen Bollerwagen voll Utensilien und einen Karton zum Sammeln von Schätzen mit und warte ab, was passiert." „Sie können einen Ausflug nicht planen?", fragt Brigitte. „Da bin ich aber ganz anderer Meinung. Ich plane vorher sehr detailliert, weil ich möchte, dass die Kinder zu dem Thema etwas mitnehmen können, was gerade als Beschäftigungsprojekt in der Gruppe ansteht. Zum Beispiel habe ich ihnen ein neues Vogelbilderbuch gekauft. Es hat wunderschöne Abbildungen. Das nehme ich mit und eine Tasche zum Sammeln. Und dazu machen wir morgen eine Vogelrallye im nahen Tiergehege. Dort gibt es viele Vögel zu entdecken. Sie können ihre Beobachtungsfähigkeit schärfen und gezielt sammeln, was zu den Vögeln gehört. Sogar für Kinder, die noch nicht sprechen, ist so ein Sammelspaziergang interessant, wenn wir vorher ankündigen, dass wir heute die Vögel besuchen wollen. Wir erzählen ihnen etwas über die Farben und Namen der Vögel, die uns begegnen, über das Nesterbauen und Eierlegen. Alle Federn, die sich unterwegs finden lassen, werden gesammelt und später ausgestellt. Was sie da alles an Gezwitscher, Gekrächze und Piepsen zu hören bekommen, das können wir später in der Kita aufgreifen und zusammen nachahmen. Bloß schade, dass unser sonst so munterer Paddy auf solchen Spaziergängen manchmal fast apathisch im Wagen sitzt oder die Kleinen plötzlich den Daumen in den Mund stecken, auf den Arm wollen und nichts mehr hören mögen!"

Aufgabe 73

- *Vergleichen Sie die Sichtweisen von Jasmin und Brigitte.*
- *Machen Sie in Kleingruppen ein Brainstorming. Welche Erfahrungs- und Spielmöglichkeiten bietet ein Ausflug*
  1. *in den Park,*
  2. *zur Baustelle nebenan,*
  3. *in das nahe gelegene Wäldchen,*
  4. *in das Einkaufszentrum,*
  5. *zum Ententeich,*
  6. *zum Rodelberg im Sommer und im Winter?*
- *Wo würden Sie mit Kleinstkindern nicht hingehen? Begründen Sie Ihre Meinung. Wählen Sie eines der oben genannten Ziele aus.*
- *Wie würden Sie einen Spielausflug mit Ihrer Praxisgruppe planen? Was würden Sie mitnehmen?*
- *Welche Möglichkeiten sehen Sie, die Ideen und Themen der Kinder festzuhalten und später als Spielangebote aufzugreifen?*
- *Woran liegt es, dass Paddy und die Jüngsten der Gruppe manchmal „abschalten"? Wie könnte Brigitte dem vorbeugen?*

Wenn der Vormittag vergangen ist, brauchen Kinder Erholungs- und Ruhephasen während der Mahlzeiten und des Schlafens um die Mittagszeit. Danach sind sie am Nachmittag wieder „voll da", bereit zu neuen Erlebnissen. Aber die Aktivität am Nachmittag von Kindern und Erwachsenen ist eine andere als am Vormittag: Sie ist eher nach „innen" gerichtet. Die meisten Kinder bevorzugen in der zweiten Tageshälfte Spielanregungen, die eine eher ruhig beobachtende Aufmerksamkeit erfordern und solche, die die Konzentration auf kleine Dinge und Einzelheiten lenken.

Beispiel: *Am Nachmittag scheint die Sonne. So können auch die Kinder der „Krümelkiste" draußen spielen. Thomas nimmt Tilly (2;6), Cemal (2;10) und Levin (2;11) mit in die Sandkiste, um mit ihnen gemeinsam eine Murmelbahn zu errichten. Aus feuchtem Sand soll gemeinsam ein hoher Berg gebaut und festgeklopft werden. Dann sollen von oben nach unten spiralförmig Mulden eingedrückt werden. Wenn oben eine Murmel eingelegt wird, können die Kinder ihren Weg hinunter beobachten. Zusätzlich baut Thomas einen Tunnel, durch den hindurch sie weiterrollt. Die Jüngsten Lina und Ed (beide 0;10) und Paddy (3;5, ein Kind mit Entwicklungsverzögerungen) durchkreuzen Thomas' Pläne. Als die älteren Kinder gerade damit fertig sind, den Berg aufzuschichten, um ihn dann festzuklopfen, greifen die drei ein. Sie kratzen glücklich Löcher in den Sand und jubeln, als Berg und Tunnel zusammenfallen. Anschließend nimmt Paddy ein Brett und klopft systematisch alles platt. Die älteren Kinder werfen die Schaufel hin und laufen zur Schaukel. Thomas ist frustriert. Was nun?*

Aufgabe 74

- *In unserem Beispiel treffen mehrere entwicklungsbedingte Erfahrungsbedürfnisse aufeinander. Welche sind das?*
- *Welche pädagogische Absicht hat Thomas vermutlich? Wie versucht er, sie zu erreichen?*
- *Wie kann Thomas den einzelnen Erfahrungsbedürfnissen entsprechen, ohne dass einzelne Kinder enttäuscht das Spiel abbrechen? Welche Unterstützung und zusätzlichen Materialien könnte er den einzelnen Kindern zukommen lassen, damit sie ihr Ziel erreichen können? Bitte erstellen Sie mithilfe der Tabelle eine Übersicht.*

Kinder/Entwicklungsniveau	Erfahrungsbedürfnisse	Spielmaterial/ Unterstützungsmöglichkeiten
Tilly, Cemal und Levin		
Lina und Ed		
Paddy		

__Beispiel:__ In der Kita „Krümelkiste" sind am Nachmittag kleine Versteckspiele (z. B. Kuckuck, Tücherverstecken) sehr beliebt. Heute gräbt Thomas Nadiyes (0;8) bunten Ball so ein, dass nur noch ein kleiner Teil herausschaut. Fasziniert schaut Nadiye zu. Dann verdeckt Thomas den Ball vollständig mit Sand. Juchzend schiebt Nadiye den Sand beiseite und buddelt strahlend den Ball aus. Dieses Spiel möchte sie am liebsten ununterbrochen während des ganzen Nachmittags wiederholen. Schließlich kommt Paddy dazu. Er übernimmt Thomas' Part und verliert auch nach längerer Zeit nicht die Geduld, den Ball immer wieder einzubuddeln.

Aufgabe 75

- *Was fasziniert Nadiye, was Paddy am Ballversteckspiel? Welche Lernerfahrungen machen beide?*
- *Überlegen Sie weitere Versteckspiele für Kinder dieses Entwicklungslevels. Welche Materialien brauchen Sie dazu? Wie können Sie das Spiel weiterführen, wenn die Kinder bereit für mehr sind?*

Ruhigere Nachmittagsspiele drinnen sind alle diejenigen Spielsituationen, die ohne viel organisatorischen Aufwand hergestellt werden können. Nach einem spannenden bewegungsreichen Tag kann so die Konzentration wieder gesammelt und auf das Ende des Tages gerichtet werden. Trotzdem sollten die Spiele die Aufmerksamkeit fesseln und jederzeit zu unterbrechen sein, da damit gerechnet werden muss, dass die Eltern zum Abholen kommen. Hier zwei Beispiele aus der Kita „Pusteblume":

__Beispiel:__ Zum „Gemeinsam-Malen" holen sich die Kinder einen großen Bogen Packpapier und für jeden eine Schachtel Wachsmalkreiden. In die Mitte des Bogens zeichnet Jasmin einen großen Rhombus, sodass an den vier Ecken jeweils ein dreieckiges Feld entsteht. Nun werden die Kinder ermuntert, jedes an seiner Ecke, in das entstandene Dreieck Farben und Formen zu zeichnen, bis alle Ecken ausgefüllt sind. Am Schluss malen alle gemeinsam in der Mitte den Rhombus aus. Dabei ermuntert Jasmin sie dazu, die Stifte zu tauschen und darauf zu sehen, was die anderen Kinder malen.

__Beispiel:__ Kerzen müssen nicht auf Geburtstage beschränkt werden. Sie können auch einen regnerischen Nachmittag erhellen und Kinder ab einem Jahr faszinieren. Unter Jasmins Assistenz versuchen zwei oder drei Kinder gleichzeitig, eine Kerze auszublasen. Die Flamme wird anfangs nur flackern. Die Kinder werden aber nicht locker lassen, bis es ihnen gelingt. Wenn sie wieder neu angezündet ist, macht es ihnen Spaß, ihre Lungenkraft zu vereinen, um ein gemeinsames Ziel zu erreichen. Schließlich lassen sich auf einer Wasserfläche (Glasschüssel) Wachstropfengebilde herstellen, die später an das Fenster gehängt werden und das Tageslicht in unterschiedlichen Färbungen filtern.

Aufgabe 76

- *Worin liegt der Unterschied in der Aktivität dieser Angebote verglichen mit Spielaktionen am Vormittag?*
- *Welchen Erfahrungsgewinn haben die Kinder?*
- *Bitte gehen Sie die Checkliste auf S. 73 im Lehrbuch durch und entwickeln Sie Angebote für Kinder unterschiedlicher Entwicklungslevels.*
- *Was tun Sie, wenn Eltern eine solche Aktivität durch ein schnelles „Wir müssen los!" unterbrechen wollen?*

4.7 Erfahrungs- und Spielmaterialien für verschiedene Altersgruppen bereitstellen

Bevor Sie sich mit der Auswahl und Nutzung von Spielmaterialien befassen, stellen wir Ihnen folgende Praxissituation vor:

Beispiel: *In der Kita „Kunterbunt" gibt es bisher zwei Elementargruppen (22 Kinder von 3 bis 6 Jahren) und eine Familiengruppe (20 Kinder von 3 bis 12 Jahren). Eine Elementargruppe soll in eine Unter-drei-Gruppe umgewandelt werden. Momentan berät das Team, wie der neu entstehende Bereich ausgestattet werden soll. Seit einigen Tagen gibt es ernsthaft kontroverse Ansichten darüber, welche Spielmaterialien für die Jüngsten angeschafft, wie diese untergebracht und angeboten werden sollen.*
Eine der beiden zuständigen Erzieherinnen, Anne, möchte die vorhandenen verschließbaren Schränke und das Material der Elementarkinder beibehalten und Babyspielzeug dazukaufen. „Das können wir in diesen Schränken unterbringen. Babyspielzeug ist wirklich sehr teuer. Wir sollten es nur bei Bedarf herausgeben, wenn eine Beschäftigung geplant ist. Das Spielzeug muss auch öfter ausgewechselt werden, damit es nicht zu viel und zu langweilig ist. Ich möchte das Angebot steuern", argumentiert sie. „Außerdem gehen die Kleinen überall dran. Sie nehmen alles auseinander, räumen gern aus und ein. Da kommen wir mit dem Aufräumen, Reparieren und Wegsortieren nicht mit. Damit sie auch mal frei wählen können, könnten wir eine große Kiste mit verschiedenen Babyspielzeugen hinstellen."
Die andere Erzieherin, Nadine, möchte zunächst alles komplett ausräumen, eine Materialliste aufstellen, überlegen, wo was hin soll, und nur die unumgänglich notwendigen Schränke behalten. „Nur die Sachen, die die Kinder gefährden könnten oder die nur wir benutzen, sollten wir wegschließen." Stattdessen möchte sie den Raum mit offenen Regalen ausstatten. „Die Dinge, mit denen die Kinder täglich spielen wollen, finden sie unten, jedes in einem extra Fach oder in durchsichtigen Kisten. So wissen sie, wo etwas hingehört, und können es holen und selbst wieder wegräumen. Die Gegenstände, für deren Benutzung sie Begleitung brauchen, liegen weiter oben. So können sie alles sehen, aber nicht sofort ausräumen. Wenn sie ein bestimmtes Material haben möchten, fragen sie danach und wir können ihnen dann sagen, ob wir Zeit und Ruhe haben, um es mit ihnen auszuprobieren. Wenn nicht, erklären wir den Grund.

Aufgabe 77

Überlegen Sie, welche Argumente es pro und kontra Annes Vorschläge gibt. Was spricht für und was gegen Nadines Vorschläge? Visualisieren Sie Ihre Ergebnisse in Form einer Tabelle:

Annes Vorschläge	Nadines Vorschläge
Pro	Pro
Kontra	Kontra

Als Argumentationshilfen können Sie Texte aus dem Lehrbuch heranziehen. Zur Frage, welche Materialien vorhanden sein sollen, um Kindern von der Geburt bis zum dritten Lebensjahr Selbstbildungsprozesse zu ermöglichen, und was die Kinder damit tun können, finden Sie Antworten in den Kapiteln 2.4.1 und 5.6 zur Frage, wie die Materialien sinnvoll untergebracht und angeboten werden, um Kindern unterschiedlicher Entwicklungsniveaus Eigenaktivitäten und Teilhabe an der Alltagsgestaltung zu gewährleisten, finden Sie Antworten auf Seite 68ff.

Aufgabe 78

Überlegen Sie, falls Sie vor einem ähnlichen Problem in Ihrer eigenen Praxiseinrichtung stehen: Welche Einrichtungsgegenstände, Geräte und Materialien aus einer ehemaligen Elementargruppe wollen Sie auch zukünftig verwenden?

Aufgabe 79

Bearbeiten Sie die folgende Aufgabe in Gruppen. Sie finden weiter unten eine Checkliste mit verschiedenen Materialien. Besorgen Sie sich pro Gruppe mindestens 20 Materialien mit unterschiedlichen Erfahrungsschwerpunkten, z. B. Gestaltungsmaterialien, Papier, Haushaltsgegenstände und formbare Materialien. Fertigen Sie eine Tabelle zu den drei Fragestellungen an und gehen Sie jeden Gegenstand durch:

- *Breiten Sie das Material aus und lassen Sie sich anregen: Was kann man damit anfangen? Welche Erinnerungen an Spiele in ihrer eigenen Kindheit vermittelt das Material?*
- *Versuchen Sie jetzt, sich in die Position kleiner Kinder zu versetzen: Was können Kinder verschiedenen Alters damit tun? Was bringt sie zum Staunen? Welchen Erkenntnisgewinn ermöglicht das Material?*

Die weiteren Fragen beziehen sich auf Sie als Erzieher:

- *Warum ist es zweckmäßig, die Materialien in offenen Regalen und Kästen mit Sichtstreifen aufzubewahren?*
- *Auf welcher Ebene in der Regalwand sollte welches Material sinnvollerweise stehen?*
- *In welchen Situationen werden Sie es anbieten?*
- *Welche Probleme könnte der Umgang mit Kleinmaterialien verursachen? Wie werden Sie dem vorbeugen bzw. damit umgehen?*
- *Was können Sie tun, damit Sie durch den unermüdlichen Forscherdrang der Kinder nicht in Aufräumstress geraten?*

Material	Was können Kinder verschiedenen Alters damit tun?	Was bringt sie zum Staunen? Welchen Erkenntnisgewinn ermöglicht das Material?	Wie wird das Material aufbewahrt, wie und wann dargeboten?

Checkliste Spielmaterialien

- *Greifringe mit und ohne Kugeln*
- *Saugbälle*
- *Schlüsselbunde*
- *Ketten aus großen Perlen*
- *farbige Tücher und Schals*
- *durchsichtige Plastikflaschen, gefüllt mit glänzenden Perlen, Pailletten oder Glassteinchen*
- *Lampe mit farbigen Glühbirnen*
- *Reflektoren (Katzenaugen)*
- *Taschenlampen*
- *Hampelmännchen*
- *Hochziehfiguren (z. B. Kletterfrosch)*
- *Bauklötze aus Holz*
- *Faltpapier*
- *festes Papier*
- *Seidenpapier, Transparentpapier*
- *Japanpapier*
- *Wellpappen*
- *Papiertaschentücher*
- *Löschpapier*
- *Tüten*
- *Eierkartons*
- *Rollen mit Tapetenresten*
- *Lineale*
- *Schraubenzieher*
- *Magnete*
- *lange, dicke Schrauben mit Muttern*
- *Gummihammer*
- *Zollstock*
- *Pinsel ab Größe 15, mit gekürztem Stiel (ca. 15 cm)*

- *Schläuche mit unterschiedlichem Durchmesser*
- *gekrümmte Plastikrohrteile*
- *Wecker*
- *Reinigungsgegenstände (Bürsten, Lappen)*
- *Schüsseln in unterschiedlichen Größen*
- *kleine Eimer*
- *kleine Besen und Schrubber*
- *verschiedene Töpfe und Pfannen*
- *Messbecher*

- *Siebe*
- *Trichter*
- *verschieden große Plastikflaschen mit Schraubverschlüssen*
- *Wäscheklammern*
- *Eierlöffelsammlung*
- *verschiedene Kellen, Kochlöffel, Schneebesen und Nudelrollen*

- *Plastikdosen*
- *ausgedientes Telefon*
- *Schreibmaschine*
- *Kaffeehandmühle*
- *Sahneschläger*
- *verschiedene Luftpumpen*
- *Riesenluftballons*
- *Styropor- und Holzkugeln (ab 15 cm Durchmesser)*
- *Papiertüten (mit Löchern)*
- *Stoffsäckchen in verschiedenen Größen zum Verstecken und Ertasten von Gegenständen*
- *Zauberwatte*

- *Schwämme*
- *Reißverschlüsse*
- *Kiste zum Reinfassen und Erfühlen*
- *Zauberblumen, die im Wasser aufblühen*
- *Kaleidoskope*
- *japanische Papierbälle*
- *Fell-, Plüsch- und Lederstücke*
- *Tüllstücke*
- *Spitzenbordüren*
- *Blechdeckel*
- *Plastik- und Naturkorken*
- *Bürsten von weich bis hart*
- *Schmirgelpapierstücke*
- *Federn (alle Größen und Farben)*
- *Tannen-, Kiefern-, Erlen-, Pinien- und Lärchenzapfen (vielleicht mit einem Foto von dem Baum, von dem sie stammen, das auf den Behälter geklebt wurde)*
- *Kastanien, Eicheln, Erbsen*
- *große weiße Bohnen*
- *Mineralien (schöne Steine und Halbedelsteine)*
- *Baumrindenstücke*
- *Holzscheiben mit Rinde (Jahresringe)*
- *Instrumente zum Schütteln: Papprohre, Büchsen, Plastikflaschen oder leere Dosen mit Kernen, Sand oder Samen gefüllt mit fest verklebten Deckeln und kleinem Durchmesser für Babyhände*
- *Instrumente zum Trommeln: Waschmitteltonnen, Keks- oder Bonbondosen mit starker Kunststofffolie bespannt und gut befestigt*
- *Instrumente zum Zupfen: stabile Kartons oder flache Kisten mit Haushaltgummis, Nylon- oder Metallsaiten (aus dem Musikalienhandel) bespannt*

Aufgabe 80

Wählen Sie aus der Checkliste 25 Materialien aus und fertigen Sie eine „Schatzkiste" für Ihr Praktikum an. Bieten Sie den Kindern jeweils einen Gegenstand an und überprüfen Sie, ob Ihre Eintragungen in den Spalten der Tabelle oben noch ergänzt werden sollten.

Bilderbücher sind in der Unter-drei-Gruppe nicht nur zum Angucken und Darüber-Sprechen da, sondern Spielgegenstand unablässiger Untersuchung und eifrigen Hantierens. Die Kinder beißen hinein, versuchen es zu zerreißen, daran herumzunuckeln. Sie üben das Wegwerfen und Wiederholen, Aufstellen, Sich-dahinter-Verstecken, Übereinanderlegen, Bauen einer Brücke. Das Umblättern wird entdeckt und immer wieder geübt: von vorne nach hinten, von hinten nach vorn und aus der Mitte heraus. Erst wenn die Hände berichtet haben, wie groß, leicht, schwer und handhabbar das Buch ist, fangen Kinder an, genauer hinzusehen. Noch später fangen sie an, über das Gesehene zu sprechen. Dann erst erkennen sie vertraute Gegenstände auf den Abbildungen. Sie werden mit Freude begrüßt und regen an, noch mehr Vertrautes zu entdecken. Wenn eine Anzahl der im Buch dargestellten Gegenstände in Griffweite liegt, erkennen die Kinder beispielsweise: „Hier ist unser Ball. Und da ist ein Bild vom Ball. Das Bild fühlt sich anders an, riecht anders, schmeckt anders und rollen kann es nicht." Für ältere Kinder können im

Rahmen einer Bilderbuchbetrachtung Kim-Spiele arrangiert werden. Auch die Kleineren haben durch Zugucken und Anfassen Freude daran: Hier liegt etwas, das im Buch nicht abgebildet ist, was ist das?

Aufgabe 81

- *Wählen Sie eines Ihrer Lieblings-Kleinstkinderbücher aus (Auswahlkriterien finden Sie in Kapitel 4.3.3.1 des Lehrbuchs) und bieten Sie es einem Kind – wie oben beschrieben – an.*
- *Welches Buch wählen Sie? Warum?*
- *Wie nehmen die Kinder das Buch an? Was tun sie damit? Welche Gegenstände/Sachverhalte/Handlungen können sie erfassen?*
- *Welche sprachlichen Begriffe nehmen sie auf? Wie äußern sie diese?*

Bauen ist eine Tätigkeit, die den Menschen das ganze Leben über fasziniert und in jeder Entwicklungsstufe andere Schwerpunkte und Ziele hat. Kinder ab sechs Monaten sind fasziniert von Bausteinen in den motivierenden Farben Gelb, Blau, Grün und Rot. Aber auch schwere, große, sogar sperrige Klötze und kurze Leisten befühlen und bebeißen sie mit dem Mund. Sie drehen und wenden sie, klopfen sie aneinander, auf den Tisch, den Fußboden oder auf andere Kinder (Vorsicht!). Sie werfen sie weg und holen sie wieder. Zuerst testen sie die unterschiedlichen Bausteinsorten in ihrer Eigenschaft als dreidimensionale Körper aus. Erst mit etwa 20 Monaten kommen sie allmählich dahinter, dass Bausteine tragfähig sind und aneinandergereiht immer neue Gebilde ergeben: Haufengebilde, Türme, Niedrigmauern oder Abgrenzungen. Zwischendurch funktionieren sie jederzeit die Klötze um und entwickeln ein erstes Rollenspiel daraus. Sie laden ein und sortieren, stapeln und stürzen um. Auch hier gilt: Das Hantieren mit dem Baumaterial selbst ist das Ergebnis. Zur gleichen Zeit beginnen sie, mit Konstruktionsbausteinen gekonnt umzugehen. Die ersten mit einem Begriff benannten Objekte (mit einer während des Arbeitens ständig wechselnden Bedeutung) entstehen zu Beginn des dritten Lebensjahres.

Aufgabe 82

- *Machen Sie eine Liste: Welche der oben beschriebenen Baumaterialien gibt es in Ihrer Praxisgruppe? Welche gibt es nicht? Welche Beschaffungsmöglichkeiten sehen Sie dafür?*
- *Welche Materialien bietet ein großer Kindergartenversand an? Welche können selbst hergestellt werden?*
- *Welche sollten noch angeschafft werden, um den Experimentierbedürfnissen der Kinder zu entsprechen?*
- *Beschreiben Sie Bauaktionen, die Sie in Ihrer Praxisgruppe beobachten konnten.*
- *Beschreiben Sie die Gebilde, die Kinder unterschiedlichen Alters hergestellt haben.*
- *Wodurch unterscheiden sie sich?*
- *Wie ist das zu erklären?*
- *Was haben die Kinder zu ihren eigenen Werken gesagt?*
- *Wie sind Sie damit umgegangen, wenn ein Kind die Bauwerke eines anderen Kindes zerstören wollte oder kritisiert hat?*

4.8 Gestalterische Grunderfahrungen anregen

***Beispiel:** In der Kita „Feiningerweg" macht die Erzieherin Ella im Januar folgende Beobachtungen: Seit einiger Zeit verschwinden die älteren Kinder morgens eher vom Frühstückstisch in den Waschraum zum Zähneputzen. Sie halten sich dort mit Vorliebe und länger als gewohnt auf. Sie leeren den Flakon mit flüssiger Seife in Gefäße, spritzen sich gegenseitig nass, „malen" gern mit Zahnpasta auf den Fußboden und bleiben lange auf der Toilette, um die Wasserspülung so oft wie möglich zu betätigen. Draußen halten sie sich mit Vorliebe auf der Sandfläche auf, um „Matschkuchen" zu backen, die sie Ella strahlend anbieten.*

„Auf den Spaziergängen wird jede Pfütze mitgenommen. Warum machen Kinder bloß so gern Matsch? Ich komme mit dem Abwischen nicht mehr hinterher", stöhnt Ella.

Das Team beschließt, mit einem Projekt an die momentan zu beobachtenden Interessen und Vorlieben der Kinder anzuknüpfen.

Aufgabe 83

Stellen Sie sich vor, Sie wären an Ellas Stelle: Wie würden Sie vorgehen?
Klären Sie folgende Fragen:

1. *Was wissen die Kinder schon über Matsch und Wasser?*
2. *Was möchten sie noch erfahren?*
3. *Wie lassen sich diese Vorlieben entwicklungspsychologisch erklären?*
4. *Welche Anknüpfungspunkte bieten sich an, um das Thema „Flüssigkeiten erkunden" in der Kindergruppe aufzugreifen und weiterzuentwickeln?*
5. *Welche Aktionsmöglichkeiten für die Kinder ergeben sich?*
6. *Wie sieht das „Setting" aus (Raum, Materialien, Ausstattungsgegenstände, Anregungen)?*

Zu 1 bis 3: Informationen zum vorhandenen Wissen und zu den Interessen der Kinder erhalten Sie durch teilnehmendes Beobachten. Dazu ist es sinnvoll, Kinder beim Umgang mit nassen Materialien in verschiedenen Situationen draußen und drinnen zu begleiten. Sie können dies unter Fragestellungen tun, wie sie z. B. ganzheitliche Beobachtungsverfahren wie die Leuvener Engagiertheitsskala (vgl. Vandenbussche u. a., 1976) vorsehen. Informationen zur Begründung der Vorlieben für alles Flüssige und Matschige erhalten Sie im Lehrbuch (Kapitel 5.1, 5.2 und 5.5.2) oder in den folgenden Titeln:

- *Aktivitäten für den Entwicklungsbereich „Gesunde Kinder" – Ich entdecke meinen Körper* von Sally Featherstone und Clare Beswick, 2007
- *Entwicklung unterstützen von 0 bis 3 – Fühlen, Schmieren, Matschen* von Sally Featherstone und Liz Williams, 2007

Zu den Fragen 4 bis 6 finden Sie im folgenden Abschnitt Angebote, mit denen die Erzieherinnen der Kita „Feiningerweg" an das Bedürfnis der Kinder nach Erfahrungen mit flüssigen Materialien angeknüpft haben.

Aufgabe 84

- *Die Spalten B bis E sind nicht vollständig ausgefüllt. Bitte ergänzen Sie die Einträge.*
- *Bitte überlegen Sie, aufgrund welcher Erfahrungen in Spalte E Sie die jeweils nächsten Angebote gemacht haben könnten.*

A *Erfahrungsangebot*	*B* *Materialien/ Werkzeuge*	*C* *Mögliche Handlungen/ Aktivitäten*	*D* *Welche Überraschungen birgt das Material für die Kinder?*	*E* *Möglichkeiten für weiteres Experimentieren*
Klares Wasser erfahren und seine Möglichkeiten erproben	• zwei Glasschüsseln • Wischlappen • Tischschutz • warmes und kaltes Wasser	Die Hände in das Wasser halten, mit den Fingern spielen, plätschern und dabei • das Wasser taktil wahrnehmen, • die Temperaturunterschiede herausfinden und benennen, • die Bewegungen des Wassers betrachten, • den Geräuschen des Wassers zuhören, • Vergleiche anstellen (Hände über dem und im Wasser), • Gegenstände im Wasser und durch die Schüsselwände hindurch betrachten und die entstehenden Verzerrungen beschreiben.	• Sie können mit dem Wasser unterschiedliche Geräusche erzeugen. • Wasser kann sich warm und behaglich, aber auch kalt anfühlen. • Die Hand sieht im Wasser größer aus als außerhalb. • Dinge verändern ihre Gestalt, wenn man sie durch das Wasser hindurch betrachtet.	• Wie fühlt sich das Wasser an den Armen (an den anderen Körperteilen) an? • Was passiert, wenn man etwas hineinwirft? • Was passiert, wenn die Schüssel umkippt?
Veränderungen des Wassers bei der Herstellung von Kleister bewirken und beobachten	• pro Kind ein Schälchen • Schneebesen • Wischlappen • Tischschutz • 3 Liter klares Wasser • pro Kind ein Teelöffel mit einfachem Tapetenkleister	Im Wechsel streut jedes Kind langsam sein Kleisterpulver in das Wasser. Reihum rührt jeweils ein Kind das Gemisch mit dem Schneebesen um. • beobachten, wie das Wasser seine Farbe und Transparenz verändert • Konsistenzveränderungen erfühlen und beschreiben • erleben, wie aus Wasser ein neues Material wird • Vergleiche zu anderen bekannten Materialien herstellen (Popel, Schleim usw.) • überlegen, was mit dem Material anzustellen ist	• Kleisterpulver besteht aus harten Körnern, die sich bei Kontakt mit Wasser sofort in weiche Gebilde verwandeln und gleich darauf verschwinden. • Das durchsichtige Wasser färbt sich allmählich weiß. • Die flexible, leichte, flüssige Materie wird zu einer dickflüssigen, schwerfälligen Substanz, in der die Hände Spuren hinterlassen.	• Aus welchen Substanzen lassen sich in Verbindung mit Wasser kleisterähnliche Breie herstellen?

A Erfahrungsangebot	B Materialien/ Werkzeuge	C Mögliche Handlungen/ Aktivitäten	D Welche Überraschungen birgt das Material für die Kinder?	E Möglichkeiten für weiteres Experimentieren
Das fertige Produkt „Kleister" erproben	• einen Tisch mit festem Papier bespannen (Tapetenrolle, Abdeckpapier) • pro Kind ein Schälchen (Fassungsvermögen mehr als 250 ml) • verschiedene Kellen und Löffel (Saucen-, Suppen-, Sahnekellen) • Schneebesen • Kassettenrekorder und tänzerische Musik • 3 Liter sehr dickflüssiger Kleister	• Jedes Kind füllt sein Schälchen mit Kleister. • Zuerst fassen die Kinder mit dem Zeigefinger, dann mit der ganzen Hand und zum Schluss mit der Faust in das Schälchen. • Dann nehmen sie eine Handvoll Kleister heraus und erzeugen zuerst kleine, dann große Tropfen. Diese lassen sie passend zur Musik auf das Papier kleckern.		• Lassen sich ähnliche Ergebnisse mit Maisstärkebrei erzeugen? • Wie reagiert flüssiger Ton? • Was kann man mit Matsch in der Pfütze anfangen?
Experimentieren mit bekleistertem Papier: Streuen	• Sägemehl • Farbpulver • Sand			
Experimentieren mit bekleistertem Papier: Farbe	• flüssige Farbe • Lebensmittelfarbe • Holundersaft	• Die Materialien eintropfen und mit Fingern oder Pinseln verteilen.		
Experimentieren mit bekleistertem Papier: Materialien, die auf Kleister festkleben	• dicke farbige Wollfäden • Schnipsel • Blätter	• Die Materialien einlegen und festdrücken.		

Aufgabe 85

Nachdem Sie sich ausführlich mit den Möglichkeiten beschäftigt haben, die Wasser und Kleister bieten, folgt jetzt eine Sammlung von gestalterischen Grunderfahrungen, die das Thema um Erfahrungen mit Farben und Werkzeugen erweitern.

Überlegen Sie für jedes Angebot, welche Interessen und Themen der Kinder es aufgreift. Was bringt die Kinder dabei zum Staunen? Welche besonderen Erfahrungen und Erkenntnisse können sie daraus gewinnen?

- **Murmeltechnik**

Vorbereitung: pro Kind ein flacher Kartondeckel, Spatel, Tischschutz, Lappen, Wischwasser, ein Pappteller mit den drei Grundfarben und Glasmurmeln mit unterschiedlichem Durchmesser

Durchführung: Die Kinder nehmen mit dem Spatel eine Farbe auf, kleckern sie in die Schachtel und legen die Murmel hinein. Durch waagerechtes Bewegen bringen sie die Murmel zum Rollen Die Murmel nimmt die Farbe mit. Es entsteht eine Spur. Langsame Bewegungen erzeugen dickere Striche. Je dünner die Farbe, desto leichter rollt die Murmel und desto mehr Farbspuren entstehen. Welche Spuren erzeugen eckige Klötzchen? Autos? Stoffbällchen? Was geschieht, wenn man mit dem Strohhalm Luft in Farbhäufchen bläst?

- **Pustetechnik**

Vorbereitung: Plastikhalme mit unterschiedlichem Durchmesser, Teelöffel, Tischschutz, DIN-A3-Blätter und pro Kind ein Schälchen mit Kleister oder flüssiger Fingerfarbe

Durchführung: Die Kinder nehmen mit dem Spatel etwas Kleister bzw. Farbe auf und verpusten ihn/sie mit dem Halm. Dünne und dicke Halme erzeugen unterschiedliche Spuren. Je dicker der Halm, desto stärker muss man pusten. Was geschieht, wenn man der flüssigen Farbe Duschgel zusetzt?

- **Farbwasser**

Vorbereitung: mehrere Gläser mit klarem Wasser, pro Kind eine Tube Lebensmittelfarbe

Durchführung: Die Kinder drücken etwas Farbe in ihr Wasserglas und beobachten, wie sich Farbschlieren bilden und allmählich das gesamte Wasser färben. Was geschieht, wenn man dem Farbwasser Duschgel zusetzt?

- **Blubberbilder**

Vorbereitung: pro Kind eine transparente Schüssel mit jeweils andersfarbigem Wasser, Schneebesen, Quirl, Trinkhalme, parfümfreies Duschgel

Durchführung: Die Kinder träufeln Duschgel in farbiges Wasser und beobachten, wie durch Rühren, Panschen und Pusten Schaumblasen entstehen. Sie pusten den Schaum auf weißes Papier und beobachten die feinen Spuren, die von den Seifenblasen erzeugt werden.

- **Abklebetechnik**

Vorbereitung: mit Packpapier bespannter Tisch, Pinsel mit unterschiedlichen Stärken, eine flache Schüssel mit Wasser, Lappen, eine große Schüssel mit Schnipseln unterschiedlicher Größe, pro Kind eine Palette Fingerfarbe mit den Grundfarben

Durchführung: Die Kinder tauchen die Schnipsel kurz ins Wasser und legen sie dann auf das Papier. Wenn alle Schnipsel verbraucht sind, holen sie sich ihre Farbpalette und malen darüber hinweg. Zum Schluss ziehen sie die Schnipsel ab.

- **Verlauftechnik**

Vorbereitung: eine mit DIN-A1-Papier bespannte Holzplatte, pro Kind ein Schälchen mit dicklich verdünnter Farbe, eine umgedrehte Schüssel auf dem Arbeitstisch, Löffel, Pinsel, Fingerfarbe (Grundfarben)

Die Kinder tropfen etwas von ihrer Farbe auf das Papier, fassen die Platte gemeinsam an den Ecken an und bringen sie in verschiedene Richtungen in Schieflage (leichter geht das, wenn die Kinder die Platte auf die umgedrehte Schüssel legen). Sie beobachten, wie die Farben verlaufen.

Aufgabe 86

Im Folgenden finden Sie weitere Ideen des Teams der Kita „Feiningerweg" in Kurzform. Allerdings fehlen hier Angaben zum Material, zur Vorbereitung sowie zu Einzelheiten der Durchführung. (Die Anregungen wurden in der Hamburger Fachschule für Sozialpädagogik I erarbeitet, Levsen, 2005.)

Bitte teilen Sie sich in Kleingruppen auf und bearbeiten Sie pro Gruppe fünf Angebote. Fertigen Sie zur besseren Übersicht eine Tabelle wie auf S. 108 an. Tragen Sie die fehlenden Angaben nach. Überlegen Sie wieder für jedes Angebot eine Ausgangssituation, an die das Angebot jeweils anknüpfen könnte. Welche Themen, Interessen, Erfahrungsbedürfnisse der Kinder können mit diesen Techniken jeweils aufgenommen werden?

Nass in nass

Flüssige Farben werden auf nassem Papier verteilt.

Monotypie 1

Eine Plastikplatte oder ein Plastikgegenstand wird bemalt. Dann wird ein Seidenpapierblatt darübergelegt und wieder abgezogen.

Monotypie 2

Auf einer Platte wird Farbe aufgehäuft, Papier darübergelegt und die Farbe unter dem Papier zerdrückt.

Monotypie 3

Wie Monotypie 2, aber statt Papier wird eine feste, durchsichtige Folie verwendet.

Klapptechnik

Ein Blatt wird mit Farbe bekleckert und dann zusammengefaltet.

Pitchen

Wattebäusche werden mit flüssiger Farbe getränkt und mit Schwung auf das Papier gedrückt.

Tropfbilder

Die Kinder bohren ein kleines Loch in einen Joghurtbecher, füllen Farbe ein und lassen diese auf das Papier tropfen.

Farben auf Blätter schleudern

Dicke Wollfäden mit dickflüssiger Fingerfarbe tränken und auf das Papier schlagen.

Aufgabe 87

Zur Anwendung in der Praxis:

1. *Beobachten Sie, ob mehrere Kinder ein verstärktes Interesse an Wasser und Matsch zeigen. Wenn ja, wählen Sie eines oder mehrere der weiter oben vorgestellten Angebote aus.*
2. *Planen Sie den Zeitrahmen für das Angebot, die Materialauswahl und die Raumvorbereitung.*
3. *Bereiten Sie einen Materialtisch vor, auf dem alles steht, was Sie und die Kinder, möglicherweise auch für Experimente, brauchen werden. Legen Sie Malkittel über einen Stuhl. Mehr Stühle brauchen Sie nicht.*
4. *Bereiten Sie einen Arbeitstisch mit Schutzfolie vor, der fünf Kindern genügend Handlungsfreiraum bietet.*

5. *Überlegen Sie, welche Gegenstände Sie hinlegen, die auf Ihr Angebot neugierig machen können.*

6. *Kündigen Sie den Kindern Ihr Angebot an, indem Sie z. B. ein Schälchen Kleister und eines mit Fingerfarbe auf den Tisch stellen. Fragen Sie, wer mitmachen möchte.*

7. *Wenn jedes Kind seinen Platz gefunden und seinen Malkittel angezogen hat, legen Sie die Gegenstände (z. B. Murmeln in einem Schuhkartondeckel) in die Mitte des Tisches. Lassen Sie die Kinder der Reihe nach damit experimentieren. Spiegeln Sie die gemachten Erfahrungen und Wahrnehmungen. Äußern Sie Vermutungen darüber, was die Kinder wohl als Nächstes tun wollen. Beschreiben Sie ihre Handlungen.*

8. *Überlegen Sie, was Sie tun können, damit die Kinder selbst herausfinden können, was mit Murmeln, Schuhkarton und Farben anzufangen ist.*

9. *Schreiben Sie mit großen Buchstaben auf eine Wandzeitung, was Sie zusammen vorhaben, und erklären Sie, was Sie da schreiben. Die Kinder werden gespannt dabei zusehen und zuhören, obwohl sie noch nicht schreiben können. Was ist der Sinn dieser Aktion?*

10. *Was tun und sagen Sie, wenn ein Kind Abwehr, Ekel oder Angst zeigt?*

11. *Was tun Sie, wenn das Angebot so viel Freude macht, dass die Kinder nicht ans Aufhören denken, obwohl gleich Mittagessenszeit ist?*

12. *Wie kündigen Sie den Abschluss der Tätigkeit an?*

13. *Wie würdigen Sie abschließend den Arbeitsprozess und die Ergebnisse der Kinder?*

14. *Was geschieht mit den „Produkten"? Wie erklären Sie das? Was tun die Kinder dazu?*

15. *Klären Sie zum Abschluss, was als Nächstes folgen wird.*

Beispiel: *Die Praktikantin Helga in der Kita „Feiningerweg" hat in letzter Zeit oft Angebote mit Farben und Kleister gemacht. Die Ergebnisse der einzelnen Aktionen wurden zuerst an der Dokumentationswand aufgehängt und später in den Sammelmappen der Kinder aufbewahrt. Helga beobachtet seit einigen Tagen, dass die Mutter von Arne (2;6) dessen Arbeiten aus der Mappe entfernt und stattdessen ausgemalte Blätter aus einem Malbuch hineinlegt. Auf dieses Vorgehen hin befragt antwortet sie: „Arne ist jetzt allmählich zu groß für den Kritzelkram, den Sie hier machen. Ich male ihm jetzt öfter etwas vor, z. B. ein Haus, einen Baum, ein Pferd, einen Hund. Er macht das schon ganz nett nach. So lernt er richtig zeichnen. Er ist schließlich kein Baby mehr!"*

Aufgabe 88

Überlegen Sie, welche Gefühle, Haltungen und Annahmen Arnes Mutter und die Praktikantin bewegen und welche Ziele sie jeweils haben.

Arnes Mutter:	
Gefühle:	**Ziele:**
Haltungen:	**Ziele:**
Annahmen Erzieherinnen wissen nichts über Kinder, sie haben in der Ausbildung nicht genügend gelernt.	**Ziele:** Ich werde ihnen anhand von Arnes Bildern begreiflich machen, wozu er wirklich imstande ist.

Helga	
Gefühle:	**Ziele:** Den Ärger loswerden und der Sorge um die mangelnde Würdigung von Arnes Arbeiten entgegenwirken.
Haltungen:	**Ziele:**
Annahmen Eltern brauchen Informationen zur bildnerischen Entwicklung ihrer Kinder und zu deren Bedeutung.	**Ziele:**

Aufgabe 89

1. *Sammeln Sie in der ersten Spalte der unten stehenden Tabelle Ideen, wie diese für beide Seiten belastende Situation zu verändern ist. Gehen Sie dabei zunächst ohne Priorität oder Bewertung vor.*
2. *Als Nächstes tragen Sie bitte in die zweite Spalte ein, welche Wirkung jeder Lösungsvorschlag möglicherweise hat.*
3. *Einigen Sie sich in der Gruppe auf eine Vorgehensweise, die allen Beteiligten am ehesten gerecht wird.*

Lösungsideen	Vermutete Wirkung
Gemeinsame Lösungsidee	

4.9 Bewegungslernen anregen

Beispiel: *Es ist Ende November in der Kita „Feiningerweg". Seit Tagen hat es geregnet und draußen ist es feuchtkalt. Viele Kinder leiden unter Schnupfen und sind unruhig, weil sie tagelang nicht im Freien spielen konnten. Sie finden schwer zu sich selbst, wählen ihre Tätigkeiten nur für kurze Zeit und laufen danach lustlos im Gruppenraum herum. Offensichtlich suchen sie nach Möglichkeiten zum Ausagieren ihrer Unruhe.*

Aufgabe 90

Unten finden Sie einige Bewegungsanregungen, die die Erzieherinnen der Kita „Feiningerweg" gesammelt haben. Wählen Sie pro Kleingruppe fünf davon aus und berücksichtigen Sie bei der Bearbeitung folgende Gesichtspunkte:

- *An welche Themen der Kinder könnte das Spiel anknüpfen?*
- *An welche Situation im Tages- oder Jahresablauf könnten die Anregungen anknüpfen?*
- *Worin liegen Faszination und Reiz des Spieles?*
- *Welche Bewegungsbedürfnisse deckt das Spiel ab?*
- *Wie sorgt das Spiel für Kontakt und Beziehung?*
- *Wie viel Zeit brauchen Sie mindestens dafür?*
- *Welche Materialien, Werkzeuge oder Hilfsmittel brauchen Sie dafür?*
- *Mit welchen Anregungen könnten Sie anknüpfen, wenn die Kinder bereit für mehr sind?*

Beispiel:
Bewegungsspiele aus der Kita „Feiningerweg"

1. ***Geräusche:*** *Die Erzieherin Ella hat auf der belebten Hauptstraße eine Audiokassette aufgenommen. Es sind unterschiedliche Verkehrsgeräusche zu hören: das tiefe Brummen von Lastwagen, der Motorenlärm unterschiedlicher Pkws, das Geknatter eines Hubschraubers, Autohupen, das Quietschen eines Baggers, das Rattern eines Motorrads, das Brummen eines Flugzeugs und eine Feuerwehrsirene. Zuerst sind diese Geräusche sehr leise, dann lauter und schließlich sehr laut zu hören. Danach schwellen sie wieder ab und werden leiser, bis man sie gar nicht mehr hört.*

   - *Die Kinder hören zu und imitieren die Fahrzeuge, indem sie mit Gebrumm durch den Raum laufen.*
   - *Mehrere Kinder benutzen gleichzeitig einen Gymnastikreifen als Auto. Sie steigen hinein, halten ihn gemeinsam fest oder lassen ihn hinten auf dem Boden schleifen.*
   - *Die Autos „parken" auf ein Signal hin, indem die Kinder sich in die Reifen setzen. Oder sie fahren auf ein anderes Signal hin in die „Garage" (ein abgesteckter Bereich).*

2. ***Ampel:*** *Ein größeres Kind steht still und gerade in der Mitte des Raumes (eine Erzieherin als Sicherheit daneben). Es schließt für einige Sekunden die Augen. Das bedeutet: Die Ampel ist „rot". Wenn das Kind die Augen öffnet, schaltet sie auf „grün" um und alle Autos dürfen losfahren. Die Aufmerksamkeit für die Ampel ist größer, wenn die „Autos", anstatt zu laufen, auf umgedrehten Teppichfliesen rutschen. Jeder darf mal „Ampel" sein.*

3. ***Geländefahrt:*** *Alle Kinder verwandeln sich in Autos und steigen mit Gebrumm über Mäuerchen, durch den Kriechtunnel, unter dem Tisch durch und schlängeln sich um Stühle herum. Wenn ein roter Gegenstand, der vorher dort platziert wurde, im Weg liegt, heißt es anhalten und umkehren.*

4. ***Bagger:*** *Erzieher und Kinder bilden auf dem Rücken liegend einen Kreis, sodass eine Mitte entsteht. Dort stehen mehrere große, flache Plastikschüsseln und rundherum liegen Bauklötze und Bälle bunt durcheinander. Die Füße werden jetzt zur Baggerschaufel: Sie befördern die Bälle und Bauklötze mit den Füßen in die Schüsseln so lange, bis nichts mehr in der Mitte liegt.*

5. ***Straßensperre:*** *Ella kauert sich klein zusammen (Kopf einziehen und Po auf die Fersen). Alle Kinder steigen der Reihe nach über sie hinweg. Dies ist eine entspannende Übung für Ellas Wirbelsäule, wenn sie dabei die Arme so weit wie möglich nach vorn streckt und die Hände flach auf den Boden legt.*

6. ***Eisenbahnschranke:*** *Ella sitzt auf dem Boden, winkelt die Beine an und stützt die Hände hinten ab. Die „Eisenbahnanhänger" (also die einzelnen Kinder) warten der Reihe nach*

neben ihr. Nun öffnet sich die Schranke, indem Ella ihre gestreckten Beine anhebt, sodass die Kinder darunter durchkriechen können. Wie lange kann die Schranke oben bleiben?

7. ***Luftballons:***
   - *Viele aufgepustete Luftballons liegen im Planschbecken oder in einer großen Wanne. Die Kinder werfen sie hinaus, Ella versucht, sie schnell wieder hineinzuwerfen.*
   - *Die Ballons liegen auf einem großen Bettlaken. Alle Kinder stehen drum herum, fassen an und heben zusammen vorsichtig das Tuch, sodass kein Ballon herausfällt. Nach einiger Zeit geht es schneller und höher, bis es gelingt, die Ballons hochzuwerfen.*
   - *Jedes Kind legt sich einen Ballon auf eine Sandschaufel und geht damit im Raum herum. Als schwierigere Variante kann für das Spiel ein Hindernisparcours aufgebaut werden.*
   - *In der Kreismitte liegen viele Ballons. Ein Kind balanciert auf der ausgestreckten Hand je einen Ballon zu den anderen Kindern. Wer hat noch keinen?*
   - *Eine Schnur wird am verknoteten Ende des Ballons befestigt. Die Kinder halten die Schnur und laufen im Raum herum, ohne sich gegenseitig zu behindern.*
   - *Zum Abschluss können die Kinder verschiedene Geräusche mit den Ballons erzeugen: Quietschen, Ratschen, Patschen, Kneifen, festes Streichen. Wie hört sich das an? Wer ist am lautesten zu hören?*

8. ***Nachahmen:** Ella macht verschiedene Bewegungen vor und regt die Kinder zum Nachmachen an. Sie legt sich auf den Rücken und strampelt mit den Beinen. Sie klatscht mit den Händen erst auf die Matte und dann in die Hände. Sie bildet eine kleine Brücke, indem sie die Arme rückwärts aufstützt und das Becken nach oben schiebt. Sie sitzt im „Schneidersitz" und versucht, aus der Position aufzustehen.*

9. ***Krabbeln:***
   - *Ella krabbelt auf allen Vieren umher und spricht mit tiefer, brummelnder Stimme:*

> *Ein Teddy, schon ganz alt, trottelt durch den Wald. Plötzlich mit Gebrumm, fällt der Teddy um! Lasst ihn nicht allein, helft ihm auf die Bein'!*
> *(vgl. von Hoerner-Nitsch, 1997, S. 84)*

   An der entsprechenden Textstelle kippt Ella um und wird von den Kindern wieder aufgerichtet.

   - *Ein Kind krabbelt auf allen vieren um die Kinder herum. Die anderen Kinder sprechen mit spannungsgeladener Stimme:*

> *„Hilfe, Hilfe, was ist das? In dem Zimmer krabbelt was! Das ist Wuppdiwapp! Der macht plötzlich schnapp!"*
> *(von Hoerner-Nitsch, 1997, S. 90)*

   Der „Wuppdiwapp" schnappt mit einer Hand spielerisch zu. Danach übernimmt das entsprechend getroffene Kind die Rolle des „Wuppdiwapp".

10. ***Kleine Tücher:** Ella und Jasmin stellen einen Korb mit Tüchern in vielen Farben, aus verschiedenen Stoffen (Baumwolle, Chiffon und Seide) und in unterschiedlichen Größen hin. Jedes Kind nimmt sich ein Tuch heraus. Was können wir damit machen? Jasmin hängt sich ihr Tuch über den Kopf, alle machen es nach. Jetzt tauscht Jasmin mit Vincy das Tuch und er*

gibt an, was als Nächstes zu tun ist. Das Spiel geht so lange, bis alle Kinder ihr Tuch ausgetauscht haben. Was tun wir, wenn jemand sein Tuch nicht hergeben will?

11. ***Große Tücher:** Alle zusammen verstecken sich unter einem großen Tuch. Ella tippt die Kinder an und rät, wer druntersteckt. Wenn sie sich vertippt hat, ist das betreffende Kind mit Raten dran. Wer noch nicht spricht, bekommt einen sprechenden Helfer. Eine zweite Spielidee ist, einen Ball unter dem Tuch hin- und herzurollen. Alle machen mit, schieben ihn im Kreis herum, vor und zurück. Oder es werden unter dem Tuch Gegenstände versteckt. Was fühlen die Kinder? Können sie die Gegenstände erraten?*

12. ***Gehen und Rennen:***
    - *„Fliegende Umarmung" spielen Kinder gern, sobald sie laufen können. Sie rennen sofort los, wenn sie sehen, dass Ella mit ausgebreiteten Armen dasteht, um sich in ihre Umarmung zu stürzen. Ella nimmt sie hoch und wirbelt sie einige Male herum, bevor sie sie zu einer zweiten Erzieherin „fliegen" lässt.*
    - *Die Kinder machen einen ersten „Wettlauf" gegen Ella. Sie macht sich ganz klein und krabbelt nebenher. Die Kinder freuen sich und können vor Lachen kaum laufen.*
    - *„An der Leine" gehen alle Kinder gern, sobald sie sicher laufen können. Sie halten das Ende eines Seils in der Hand, Ella das andere. Zuerst „führt" Ella um Hindernisse herum, unter dem Tisch durch usw. Später darf ein Kind „führen".*

13. ***Bälle:***
    - *„Ballabgabe" ist ein Spiel für Kinder, sobald sie den Ball fassen, festhalten und gezielt wieder loslassen können. Sie sitzen im Kreis und geben den Ball von einem Kind zum anderen, hin und her, unter den Beinen durch und hinter dem Rücken entlang. Anschließend wird der Ball mit den Füßen, Händen und Knien zugerollt.*
    - *Erst wenn die Kinder älter sind, kommt das Zuwerfen. Dabei stehen sie in angespannter Haltung da und warten, bis der Ball ihre Arme berührt, um ihn dann ganz fest an sich zu drücken. Erst mit ungefähr drei Jahren gelingt es, zum Fangen nur die Hände einzusetzen.*
    - *Stirn an Stirn balancieren Ella und Vincy einen großen Schaumball, ohne dabei die Hände zu benutzen. Vincy muss lachen und aufpassen, dass er den Ball nicht verliert, wenn Ella in den Ball beißt, grunzt oder brummt.*
    - *Werfen ist schwerer als Fangen, weil Kinder unter drei Jahren erst lernen, Richtungen und Entfernungen einzuschätzen. Eine gute Vorübung dafür ist die folgende Übung. Das Kind versucht, den Ball zur Erzieherin zu werfen, die ihn zu fangen versucht und neben das Kind zurückwirft, damit es ihn holen und zurückgeben kann. Ebenfalls eine gute Übung ist es, Sandsäckchen in einen Holzreifen, Papierkorb oder Eimer zu werfen und dabei den Abstand allmählich zu vergrößern.*

4.10 Musikalisch-rhythmische Grunderfahrungen ermöglichen

4.10.1 Überall ist Klang

Die Welt ist voller Töne, Klänge und Geräusche – einen ganz stillen Ort gibt es nirgendwo. Schon vor der Geburt werden Geräusche wahrgenommen. Das Gehör und das Nervensystem von Kindern muss mit einer Vielfalt von Stimmen und zunächst kaum unterscheidbaren Geräuschen der Umwelt fertig werden. Ab der neunten Schwangerschaftswoche speichert das wachsende Gehirn grundlegende Wahrnehmungseindrücke für Tonhöhen, Lautstärken und Geräusche, gekoppelt mit Raum-, Lage-, Druck- und Temperaturerfahrungen. Sprech- und Satzpausen, Tonhöhe, Lautstärke,

Sprachmelodie, Betonung und die charakteristischen Schwingungen der mütterlichen Stimme versorgen das Kind mit klanglichem Input, z. B. auch zur aktuellen Befindlichkeit und Stimmungslage der Mutter. Das sich entwickelnde Gehör nimmt alles auf – zunächst ohne Selektion und die Fähigkeit zur bewussten Unterscheidung, sozusagen als Begleitmusik zur schnell voranschreitenden Entwicklung. Das Kind beantwortet den Klanginput durch mehr oder weniger spürbare Bewegungen. Die klanglichen Elemente der mütterlichen Sprache sind jedem Kind also von Anfang an vertraut. Deshalb fördern elterliche Wiegen- und Spiellieder alle Bereiche der Persönlichkeitsentwicklung und die Sprechfähigkeit. Musiktherapie kann Kindern mit Sprachentwicklungsstörungen den Aufbau von Sprachverständnis und Sprachkompetenz erleichtern. Vom ersten Geburtstag an erkennen Kinder Melodien. Bald darauf versuchen sie, diese Melodien mit Eigenvariationen versehen mitzusummen. Lieder „korrekt" nachzusingen gelingt ihnen ungefähr ab dem dritten Geburtstag. Ähnlich wie beim Zeichnen erfinden Kinder von diesem Alter an eigene Tonarrangements.
Im Volksmund werden die ersten Lebensmonate häufig das „erste dumme Vierteljahr" genannt. Noch immer sind viele Menschen der Meinung, dass Kinder als „unbeschriebenes Blatt" auf die Welt kämen, dass sie in den ersten Monaten meist schliefen und nur ansatzweise hören und sehen könnten.

Aufgabe 91

- *Warum hören zwei Tage alte Babys auf zu schreien und merken auf, wenn sie die Stimmen von engen Familienangehörigen oder leise, rhythmische Musik hören, insbesondere solche, die ihre Mutter während der Schwangerschaft gehört hat?*
- *Neugeborene aller Kulturen reagieren ähnlich auf typische Betonungsmuster in den Äußerungen ihrer Eltern. Diese sogenannte „Ammensprache" oder Motherese/Fatherese hat in allen Sprachen charakteristische Merkmale wie kurze, langsame und hohe Töne mit großer Variationsbreite sowie ansteigende oder abfallende Satzmelodien, die sehr einfach sind und häufig wiederholt werden (vgl. Zimmer, 2008, S. 82–84). Wie wirkt sich diese Sprechweise auf das Erleben und Verhalten des Babys aus? Anhaltspunkte finden Sie auch in Kapitel 4.3.3 im Lehrbuch.*
- *Ein bekannter Liedermacher sagte in einer Talkshow Folgendes: „Kinder erleben durch aktives Singen und Musizieren Glücksmomente und Herausforderungen, an denen sie wachsen können." Haben Sie ähnliche Erfahrungen schon selbst gemacht? Fallen Ihnen dazu Praxisbeispiele ein?*
- *Warum erschrecken und schreien die meisten jungen Babys bei Lärm oder wenn jemand sehr laut spricht?*
- *Beobachten Sie kleine Kinder in Ihrer Umgebung: Welche Töne und Klänge hören sie besonders gern? Wo hören sie weg?*

Das Hören und Erzeugen von Musik und Sprache aktiviert alle Areale im Gehirn. Über den auditorischen Cortex und das limbische System (siehe Kapitel 3.3.2 des Lehrbuchs) werden Emotionen verarbeitet und das Arbeitsgedächtnis angeregt, weil Babys Rhythmen, Klänge und Musikstücke konkreten Situationen und Menschen zuordnen. Sie sind bestrebt, vertraute Tonfolgen in Liedern zu behalten und zu imitieren. Durch Hinhören erarbeiten sich schon sehr junge Kinder wichtige Orientierungsfunktionen im Raum. Sie lernen, Geräusche und Schallquellen in der Umgebung bewusst wahrzunehmen, zu benennen und deren Ursprung und Bedeutung zu erkennen. So lernen sie, Richtungen und Ziele zu bestimmen, und können sich in ihrer Umgebung eher zurechtfinden. Die Fülle verwirrender Höreindrücke in ihrer Umwelt lässt sich eher sortieren, einordnen und verarbeiten. Die Erfahrung, dass mit jedem Ding charakteristische Töne erzeugt werden können, reizt Kinder dazu, immer mehr Objekte als Verursacher von Geräuschen kennenzulernen und sie an ihrem „Klang" zu identifizieren und zu unterscheiden. Die Forschungen des amerikanischen Erziehungswissenschaftlers Howard Gardner zur Symbolisierung in der frühen Kindheit führten zur Annahme der „sieben Intelligenzen" der menschlichen Kognition (Gardner, 1996). Eine davon ist die Fähigkeit, Gefühltes, Gehörtes und Gesehenes auf musikalisch-gestalterische Art zu zergliedern. Diese Fähigkeit wird „musikalische Intelligenz“ genannt. Auf deren Basis kann ein Kind sein individuelles „kognitives Profil“, seine persönlichen, charakteristischen Sinnbilder und Denkformen entwickeln (vgl. Gardner, 1996, S. 25–29). Musikalische Ausdrucksformen wie Singen, Tanzen und das Handhaben von Instrumenten wirken als sozialer Austausch und bereiten nach Gardner nicht nur die Entwicklung sozialer Kompetenz vor (z. B. aufeinander hören, sich ausreden lassen, aufeinander warten), sondern führen gleichzeitig zu grundlegenden biologischen und physikalischen Erkenntnissen, wie Zeitverständnis, Verständnis für mechanische Phänomene wie Druck und Zug und die Entstehung von Geräuschen und Tönen, aber auch erstes Wissen über Mengen und Reihen.

Übrigens verknüpfen kleine Kinder Singen und Musik ***immer*** mit Bewegung. Diese Verbindung ist bei Schulkindern und Erwachsenen nicht mehr vorhanden.

Aufgabe 92

- *Wie oft am Tag entwickeln die Kinder selbst oder auf Ihre Anregung hin musikalisch-rhythmische Aktivitäten? Welche sind das?*
- *Wie sieht es mit der „Beschallung“ in Ihrer Praxisgruppe aus (z. B. regelmäßig mitlaufende CDs oder „Einschlafmusik“ in der Ruhephase)? Würden Sie daran etwas ändern?*
- *Neuere Untersuchungen belegen, dass Kinder, die früh zum Musikhören und Musikmachen angeregt werden, im Kindergarten- und Schulalter über mehr soziale Kompetenz und Kreativität verfügen. Was meinen Sie, woran das liegen könnte?*
- *Was haben musikalisch-rhythmische Angebote in der frühen Kindheit mit der Entwicklung des Nervensystems und der Intelligenz zu tun? Auf S. 111 f. des Lehrbuchs finden Sie die Informationen zur Beantwortung dieser Frage.*
- *Wenn Kinder bewusst Töne und Klänge produzieren, bewältigen sie mehrere Anforderungen gleichzeitig. Welche sind das?*
- *Schon sehr früh entdecken Kinder ihre eigene Stimme als wichtige Ausdrucksmöglichkeit. Sie unterscheiden bei anderen Menschen und sich selbst Sprechrhythmus, Tonhöhe und Lautstärke. Sie bringen ihre Stimme in direkten Zusammenhang mit Körperbewegungen. Schildern Sie Beobachtungen aus Ihrer Praxis, die diese Aussage stützen.*

4.10.2 Mit Rhythmen und Klängen spielen und experimentieren

Beispiel: *Ein früher Nachmittag Ende Oktober in der Kita „Pusteblume“. Die Praktikantin Elena hat sich auf eine Bilderbuchbetrachtung vorbereitet, weil sie die quirligen Kinder beruhigen möchte. Sie beobachtet die Kinder eine Weile und stellt fest, dass die meisten im Raum herumlaufen und laut vor sich hin reden – es herrscht Unruhe. Elena ändert ihren Plan und bietet den Kindern statt der ruhigen Buchbetrachtung lebendige Bewegung nach Musik an.*

Aufgabe 93

- *Wenn Sie an Elenas Stelle wären, würden Sie das Angebot einzelnen Kindern, einer Kleingruppe oder der ganzen Gruppe machen?*
- *Wovon hängt diese Entscheidung ab?*
- *Was würden Sie anbieten? Bitte wählen Sie aus der Zusammenstellung auf den nächsten Seiten („Musikalische Materialien" und „Musikalische Angebote") drei Angebotsvorschläge und die dazu passenden Materialien, Instrumente und Requisiten aus. Probieren Sie diese in Ihrer Praxisgruppe in einer ähnlichen Situation.*
  - *Wo konnten die Kinder mitmachen, wo nicht?*
  - *Was würden Sie beim nächsten Mal verändern?*
  - *Was hat den Kindern Spaß gemacht? Wo haben sie Neues erfahren?*
  - *Waren sie bereit für mehr? Wie sind Sie darauf eingegangen?*

Musikalische Materialien

- Klangstäbe aus Holz in verschiedenen Formen und Farben zum Aufhängen
- Klangmobiles, japanische Windglocken
- weiche und harte bunte Klapper- und Glockenbälle
- Rasselbänder und -ringe aus Holz, Holzrasseln
- Glockenbänder, -würfel oder -walzen
- Mobiles aus Holz mit plastischen Figuren
- Kinderwagenketten mit Figuren aus Stoff und Holz
- Spieluhren, auf oder in denen sich etwas bewegt
- Trommeln aus Keks-, Honig- oder Bonbondosen
- Kochtöpfe oder Schüsseln
- Rasseln aus Kokosnussschalen, exotischen Samenschoten, kleinen Kürbissen, Büchsen mit Deckel
- Zupfinstrumente aus Kartons, abgeschnittenen Transportrollen, Holzkästen oder Dosen mit Nylonband, Einmach- und Verpackungsgummis bespannt
- Ratschen aus gerillten Plastikflaschen

Aufgabe 94

- *Überlegen Sie sich, wie man z. B. Wasser, Holz, Papier, Stein oder Metall als mögliche Klangquellen für Kinder unter zwei Jahren benutzen könnte, und erproben Sie diese in Ihrer Praxisgruppe. Welche Materialien kommen besonders gut an? Welche werden eher abgelehnt?*
- *Machen Sie einen „Spaziergang" durch Ihre Wohnung, die Schule oder den Wald und sammeln Sie weitere Dinge, mit denen sich Geräusche und Klänge erzeugen lassen. Vielleicht können Sie diese dann nutzen, um einige der folgenden Angebote zu bereichern.*

Musikalische Angebote

Im Folgenden finden Sie eine Liste klanglich rhythmischer Angebote für Kinder unter drei Jahren für Ihre tägliche Praxis.

- **Musik mit dem Körper:**
  - Mit den **Händen** kann man klatschen, auf den Tisch trommeln, fest hin- und herstreichen oder sie aneinanderreiben. Man kann mit den Fingern schnipsen, die Hände mit den Nagelspitzen auf dem Tisch klickern oder die Handrücken aneinanderpatschen.
  - Welche Geräusche kann der **Mund** produzieren? Summen, sich räuspern, niesen, husten, mit den Lippen knallen, lutschen, mit der Zunge schnalzen, pusten, mit den Zähnen klappern, zischen, stöhnen, prusten, brummen, quietschen.

- Auch mit der **Nase** lassen sich interessante Töne erzeugen (vorher putzen): schniefen, pusten, trompeten, ruhig atmen, schnaufen, niesen.
- Mit den **Füßen** kann man stampfen, schleichen, schlurfen, über den Boden streichen, tippen. Dazu fällt Elena ein Gedicht ein, zu dem sich alle kreuz und quer auf den Boden legen und mit den Füßen die Bewegungen mitmachen.

> *„Großer Fuß, kleiner Fuß machen Schmus, sie baumeln, sie taumeln, sie ritschen, sie ratschen, sie streicheln, sie schmeicheln."*
> *(von Hoerner-Nitsch, 1997, S. 51)*

- **Musik mit Instrumenten:**
    - Eine selbst gemachte Trommel entsteht aus einem Drei-Liter-Blumentopf, dessen Öffnung mehrfach mit gut eingekleistertem Butterbrotpapier bespannt wird. Nach dem Trocknen ist die Oberfläche ganz glatt, sollte zusätzlich noch mit Klebeband gehalten werden und kann von den Kindern mit Fingerfarben bemalt werden. Beim Trommeln einfache rhythmische **Verse** singen oder erfinden.
    - Mit durchsichtigen Plastikflaschen mit Schraubverschluss kann man **schütteln, klappern, poltern**. Gefüllt werden sie mit Reis, Sand, Erbsen, Kieselsteinen, Muscheln. Es ist dabei wichtig, dass alle Klangdosen mit stabilem Klebeband zusätzlich verschlossen werden, damit die Kinder den Inhalt nicht in einem unbeobachteten Augenblick in Nase, Mund oder Ohren stecken.
    - Aus Zigarrenkisten und Schuhkartons kann man leicht Zithern zum **Zupfen** machen. Elena setzt auch ihre eigene Gitarre oft ein. Schön ist es, wenn das Kinderorchester von einem **Melodieträger** (Flöte oder Glockenspiel) begleitet wird.

- **Lieder und Kreisspiele**
    - **Singgeschichten** und **Lieder** mit einfachen Tonfolgen und selbst ausgedachten Zweiworttexten machen besondere Freude, weil die Kinder dabei Sprechen und Singen vermischen und ein Auf und Ab von Tonfolgen produzieren können. Sie sind immer Auslöser für rhythmische Bewegungen, die von der Erzieherin verstärkt werden: Körperwippen, Kopfnicken, Hin- und Herhopsen und Stampfen.
    - **Kreisspiele** sind als kleine, regelmäßig im Tagesablauf wiederkehrende Rituale sehr beliebt, funktionieren aber auch spontan und improvisiert. Die überschaubare Kinderrunde, der gemeinsame Spaß, das Drehen und Hin- und Herbewegen und die kurzen Texte sorgen dafür, dass Wortgefüge und Melodie bald allen Kindern vertraut sind. Die knappen rhythmischen Tonfolgen bringen die Kinder dazu, vor Vergnügen zu tanzen. Sie prägen sie sich schnell ein durch Sprache, Klang und regelhafte Bewegungsabläufe, häufige Wiederholungen und Anschaulichkeit. Die Kinder bestehen darauf, dass sie, einmal eingeführt, immer in der gleichen Weise gesungen und gespielt werden. Weil sie so schnell zu lernen und bald sehr vertraut sind, tragen sie dazu bei, dass die Kinder in der Gruppe Sicherheit und Selbstvertrauen gewinnen. Regelmäßig bekommt jedes Kind die Chance, sich auch einmal im Mittelpunkt zu sehen und zu erleben, dass alle anderen Menschen sich ihm zuwenden.
        - *Glöckchenspiel:* Die Kinder sitzen im Kreis und falten die Hände hinter dem Rücken, während ein Kind in der Mitte sitzt. Es soll raten, hinter wessen Rücken wohl das Glöckchen versteckt ist, das da läutet. Wenn es richtig rät, geht es außen um den Kreis und drückt möglichst unauffällig einem anderen Kind das Glöckchen in die Hand.
        - *Glöckchentanz:* Die Kinder tragen an den Fuß- und Handgelenken oder um den Kopf gebunden Glockenbänder. Ein Kind trägt eine große Glocke in der Hand und macht

Bewegungen vor: z. B. im Kreis rechtsherum oder linksherum gehen, in die Mitte hopsen, umdrehen, mit dem Rücken zur Mitte hopsen, in der Hocke hüpfen, am Platz stampfen und klatschen. Wenn alle die vorgemachte Bewegung nachgemacht haben, sucht das Kind die nächste „große Glocke" aus.

- Hier noch einige bewährte, überlieferte Kreisspiele mit **Sprechgesang**:

Widewidewitt (Text überliefert)

Widewidewitt, wir wollen tanzen,
widewidewitt und das geht so:
Das ist einmal (*der rechte Fuß tippt in den Kreis*),
das ist zweimal (*der linke Fuß tippt in den Kreis*),
viermal (*nacheinander die Knie*), fünfmal (*die Ellenbogen*),
sechsmal (*die Stirn*), siebenmal (*die Nase*).

Anleitung: Die Kinder stehen im Kreis und halten sich an den Händen. Dann laufen sie erst rechts-, dann linksherum. Bei jeder Stufe kommt ein Körperteil dazu. Die Kinder, die noch nicht zählen können, singen statt der Zahlen „noch mal".

Hucki-Pucki (Text überliefert)

Wir tun das rechte Bein hinein,
wir tun das rechte Bein hinaus,
wir tun das linke Bein hinein
und dann schütteln wir es aus.
(Hände loslassen, Arme hochnehmen, mit den Glöckchen klingeln)
Und dann kommt der Hucki-Pucki
und dann drehen wir uns um.
Und dann singen wir ein Lied,
Hucki-Pucki, Hucki-Pucki, Hucki-Pucki
und dann geht es wieder los.

Anleitung: Die Kinder stehen mit einem Glöckchen in der Hand in einem Kreis und fassen sich an den Händen. Nach jedem Vers gehen sie einmal im Kreis herum. Alle Körperteile können in den Kreis gestreckt werden.

Braunbär (Text überliefert)

Ich bin ein kleiner Braunbär
und komme aus dem Wald.
Ich such' mir eine Frau aus
und finde sie auch bald.
Und wir tanzen beide fein
von einem auf das andre Bein.

Anleitung: Alle Kinder stehen im Kreis, der „Bär" steht in der Mitte. Er sucht sich „eine Frau" und tanzt eine Runde mit ihr. Jetzt wird die „Frau" zum „Braunbären".

Teddybär (Text überliefert)

Teddybär, Teddybär, dreh' dich um,
Teddybär, Teddybär, mach' dich krumm,
Teddybär, Teddybär, streck' dich aus,

Teddybär, Teddybär, zeig' dein' Fuß,
Teddybär, Teddybär, zeig' die Hand,
Teddybär, Teddybär, streck' dein Zeh,
Teddybär, Teddybär, zeig' dein Bein,
Teddybär, Teddybär, das ist fein.

Anleitung: Jede Zeile einmal wiederholen, damit genug Zeit für die entsprechenden Bewegungen bleibt.

Schlange (Text überliefert)

Lange, lange Schlange,
wer kommt mit?
Der Achmed mit dem roten Pullover
der geht mit.

Anleitung: Die Kinder gehen im Kreis, eines in Gegenrichtung in der Mitte. Es tippt ein Kind an und nimmt es mit. Das wird so oft wiederholt, bis alle Kinder mitgehen.

- **Tanzspiele**

  - Ein spontanes Tänzchen zwischendurch entfaltet Freude und Körpergefühl auch in Beziehung zu anderen Kindern, also im Kontakt mit einem Gegenüber. Die Kinder fassen sich an, stoßen gegeneinander, laufen zusammen, führen und lassen sich führen. Sie imitieren einander oder führen sich etwas vor. Sie beobachten sich und die anderen Kinder im Spiegel. Beim Tanzen „verinnerlichen" Kinder musikalische Prinzipien wie Takt, Entfernung, Tempo, Wiederholung und Rhythmus (vgl. Münchmeier, 1990, S. 77–82). Am sichersten gelingt dies, wenn die Musik den momentanen Bewegungsimpulsen der Kinder angepasst wird. Dies kann man z. B. durch Improvisation auf Instrumenten (Trommeln, Klanghölzer, Joghurtbecher, Kastagnetten, Gitarre, Flöte) erreichen.
  - **Musikalischer Reifen:** Zwei Kinder, die stehen und mindestens mit Halt gehen können, stellen sich zusammen in einen Hula-Hoop-Reifen und tanzen nach Elenas Trommelmusik. Sie sollen versuchen, den Reifen beim Tanzen hochzuheben, was nur gelingt, wenn sie es gemeinsam machen. Wenn der Reifen nicht mehr interessant ist, tanzen sie ohne ihn – allein, zu zweit, an der Hand oder im Kreis.
  - **Tandem-Tanzen:** Dieses Spiel macht auch Kindern Freude, die noch nicht sicher laufen können. Das Kind steht vor dem Erwachsenen und blickt in seine Richtung. Nun hebt dieser es hoch und stellt es vorn auf seine Füße. Während beide mit Händen und Füßen Kontakt halten, geht der Erwachsene behutsam voran und beide tanzen nach leiser Musik.
  - **Tanzgrundformen:** Alle Kinder, die bereits laufen können, wollen auch schon die einfachsten Tanzgrundformen mitmachen. In Paaren tanzen sie hin und her, im Kreis nach rechts und links, in die Mitte, drehen sich um, hopsen auf der Stelle, klatschen dabei und gehen in die Hocke. Beliebt ist auch der Gassentanz: Die Kinder bilden Paare, die sich gegenüberstehen. So entstehen zwei Reihen. Das erste Paar tanzt hindurch, dann das zweite, so lange, bis alle durch die Gasse getanzt sind.

- **Schwungtücher:** Tücher aus Fallschirmseide sind ideal zum Tanzen: Wie in einer Höhle oder einem Zelt oder als Riesentier können sich alle – jeder nach seinen Fähigkeiten – darunter bewegen. Oder alle stehen um das ausgespannte Schwungtuch herum und halten es gut fest. Zur Musik wird es geschüttelt, gestrafft oder schlaff in der Mitte hängen gelassen. Während alle das Tuch festhalten, können die Kinder so weit wie möglich auseinanderlaufen und sich nach außen lehnen. Dreht man das Tuch zu einem dicken Seil, können sich alle daran festhalten und sich gemeinsam wie eine Schlange zur Musik durch den Raum winden, tanzen oder schlängeln. Auch Bettlaken oder Abdeckplanen aus Plastik eignen sich als Schwungtücher. Damit lassen sich zu Musik Luftballons, Wasserbälle oder japanische Papierbälle hochwerfen und auffangen.
- **Windtanz mit Seidenchiffontüchern:** Dafür stellt die Erzieherin eine Windkassette mit Instrumenten her. Zuerst sind vereinzelt gezupfte Saitenklänge, dann Zimbeltöne zu hören, die allmählich schneller werden. Zum Schluss kommen Trommeln dazu. Das Ganze erklingt allmählich leiser, bis zum Schluss die Saitenklänge übrig bleiben. Jedes Kind hat ein Chiffontuch in der Hand. Zuerst liegen alle auf dem Boden – der Wind schläft. Allmählich erwacht der Wind, die Kinder stehen auf, bewegen ihre Tücher erst leicht, dann immer schneller und höher, bis ein Wirbelsturm entsteht. Allmählich flaut der Sturm wieder ab, wird schwächer und schwächer und verebbt, bis alle Kinder sich wieder auf den Boden gelegt haben.

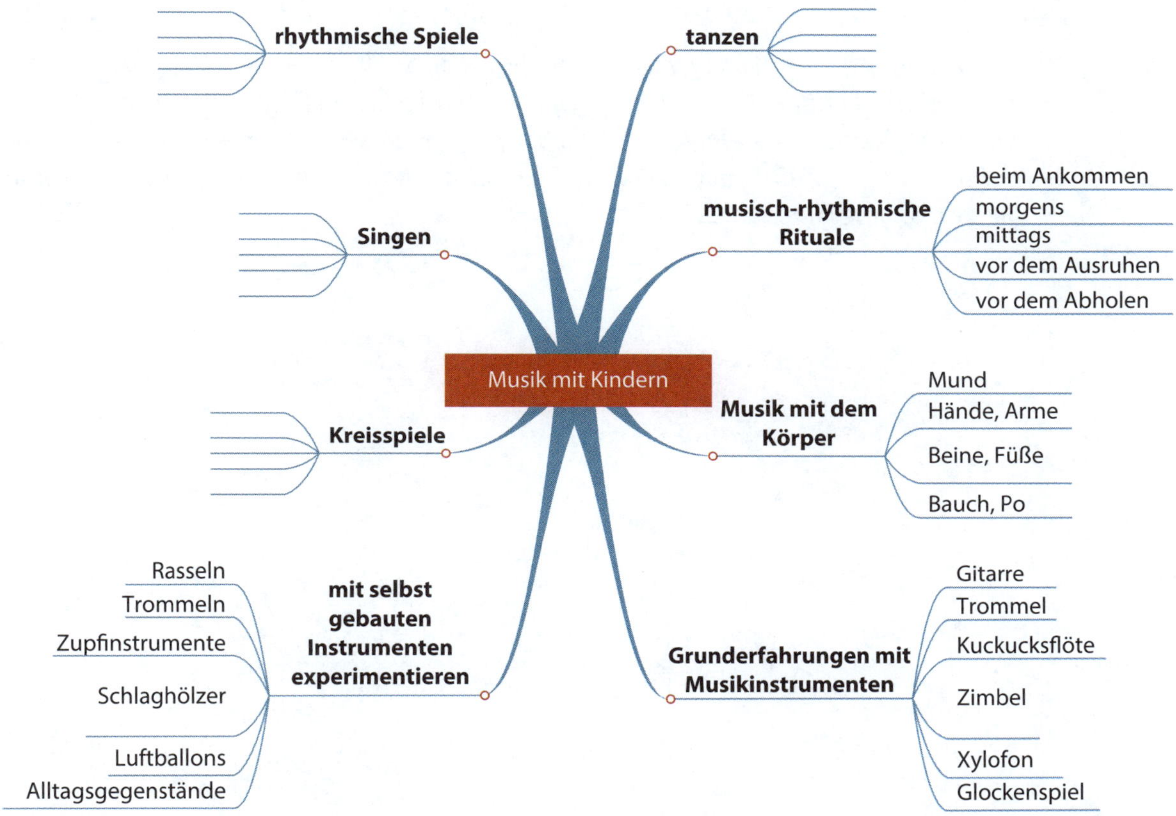

Mindmap „Musik"

Aufgabe 95

- *Singen, rhythmisches Spielen und Experimentieren mit Klangkörpern fördert auch in der Unter-drei-Gruppe das Gemeinschaftsgefühl der Kinder. Sammeln Sie in Ihren Beobachtungen Beispiele, die diese Aussage bestätigen (vgl. Kölsch, 2008, S. 221 ff.).*
- *Schauen Sie sich die Mindmap „Musik" an. An den Enden sind jeweils offene Zweige. Schreiben Sie die passenden Begriffe dazu.*
- *Wählen Sie in Kleingruppen aus der Liste „Musikalische Angebote" einige Spiele aus, die besonders geeignet sind, Freude und Spaß zu verbreiten, und die außerdem*

- *das Bedürfnis nach raumgreifenden Spielen, Anstrengung, Ausdauer und Austoben befriedigen,*
- *Erfahrungen mit Verzögerung, Innehalten im Wechsel mit Anspannung und Geschwindigkeit anregen,*
- *rhythmische Bewegungen herausfordern,*
- *dazu auffordern, mit Langsamkeit, Konzentration und Achtsamkeit zu experimentieren,*
- *erste Erfahrungen mit Instrumenten ermöglichen,*
- *Berührungsängste abbauen,*
- *die Hörfähigkeit der Kinder steigern oder*
- *das Richtungshören unterstützen.*

- *Führen Sie diese Spiele in Ihrer Gesamtgruppe ein. Welche Erfahrungen machen Sie jeweils dabei? Welche würden Sie mit den Kindern spielen, welche eher nicht?*
- *Wie lassen sich diese Angebote in den Tages-, Wochen- und Jahresablauf Ihrer Praxiseinrichtung einbauen?*
- *Musik von CDs sollte möglichst selten und immer gezielt eingesetzt werden. Warum ist das so? Zu welchen Gelegenheiten setzen Sie in Ihrer Gruppe CDs ein?*
- *Weitere Anregungen für Spielverse und rhythmische Spiele finden Sie in folgenden Büchern: „Fingerspiele und andere Kinkerlitzchen. Spiel-Lust mit kleinen Kindern" von Raimund Pousset (2004), „Zehn kleine Krabbelfinger. Spiel und Spaß mit unseren Kleinsten" von Marianne Austermann und Gesa Wohlleben (2002) und „Wahrnehmungsförderung durch Rhythmik und Musik" von Sabine Hirler (2009).*

Lösungen

▪ Kapitel 3.4.1, Aufgabe 12

Unterschied zwischen professioneller und elterlicher Bindung

- Professionelle Bindung ist immer zeitlich eingeschränkt auf bestimmte (Arbeits-)Stunden am Tag über einen begrenzten Zeitraum von mehreren Jahren im Leben des Kindes.
- Sie ist gekennzeichnet durch professionelle Distanz, die sich unter anderem darin äußert, dass die Erzieher sich zurückziehen, soweit es das Kind zulässt. Das bedeutet z. B., nichts für das Kind zu tun, was es allein schaffen könnte.
- Das setzt voraus, dass die Entwicklung des Kindes genau beobachtend begleitet wird. Nur so können seine Bedürfnisse erkannt werden.
- Diese Art Beziehung bedeutet besonders in den ersten drei Jahren, dass sie weitgehend von den Bedürfnissen des Kindes bestimmt wird. Gekuschelt wird, weil das Kind es möchte, nicht weil der Erzieherin danach ist. Neue Anregungen und Veränderungen sind nicht nötig, wenn das Kind beschäftigt ist.
- Die Interaktionen sind nicht zufällig, sondern durchdacht, z. B. die Abfolge der Pflegehandlungen, die Ansprache, die Berührungen.

▪ Kapitel 4.2, Aufgabe 55

Infoblatt: Mahlzeiten in der Kita

1. Alle Mahlzeiten werden in der Kita gereicht.
2. Die Kinder füllen sich ihr Essen selbst auf, sobald sie dies können.
3. Nahrungsmittel sind kein Mittel, um Anerkennung oder Lob auszudrücken.
4. Jedes Kind bestimmt, wie viel und was es essen möchte.
5. Alle Mahlzeiten werden gemeinsam eingenommen. Wer fertig ist, stellt sein Geschirr auf den Teewagen.
6. Wenn es möglich ist, stellen Erzieherinnen und Kinder gemeinsam Salat oder Nachtisch her.
7. Wasser und ungesüßter Tee stehen immer für durstige Kinder bereit.
8. Ein Teller mit Obst- und Gemüsestücken steht für „zwischendurch" auf dem Getränketisch.
9. Kinderlebensmittel oder Süßigkeiten werden nicht mitgebracht.
10. Nach jeder Mahlzeit putzen die Kinder die Zähne, auch die Kleinsten.

▪ Kapitel 3.6, Aufgabe 39

Checkliste Elterngespräch

- Wissen alle Beteiligten Bescheid?
- Kann die Erzieherin die Gruppe eine Zeit lang verlassen?
- Gibt es etwas zum Trinken und zum Knabbern?
- Liegt Informationsmaterial bereit?
- Ist ein Raum für ein ungestörtes Gespräch frei?
- Gibt es etwas, mit dem das Kind sich bei Bedarf beschäftigen kann?

▪ Kapitel 3.6, Aufgabe 40

Positionen in einem Informationsgespräch
Vorschläge für die Leitung

- I: Nach folgendem Konzept arbeiten wir in dieser Kita.
- B: Sie können sich mit Fragen an mich wenden.

Vorschläge für die Eltern

- B: Kann ich Ihnen mein Kind anvertrauen?
- S: Ich bin noch unsicher, ob eine Kleinstkindergruppe das Richtige für mein Kind ist.

Vorschläge für die Erzieherin

- A: Ich möchte Ihnen die Gruppe zeigen.
- S: Ich freue mich auf ein neues Kind.

▪ Kapitel 3.7, Aufgabe 48

Checkliste Teamsitzung

- Teilnehmer festlegen
- Zeitpunkt, Moderation und Ort festlegen
- Einladungen verteilen
- Wünsche zur Tagesordnung erfragen und festlegen
- Dienstplan überprüfen, ggf. Veränderungen vornehmen
- Person festlegen, die auf den Zeitplan und das Protokoll achtet

Literaturverzeichnis

Affolter, Félicie: Wahrnehmung, Wirklichkeit und Sprache, Villingen-Schwenningen, Neckar-Verlag, 1991.

Ahme, Annette: Leserbrief, in: die tageszeitung, 16. 06. 2009, S. 9.

Austermann, Marianne/**Wohlleben**, Gesa: Zehn kleine Krabbelfinger, München, Kösel, 2002.

Austermann, Marianne/**Wohlleben**, Gesa: Krabbelfinger werden größer, München, Kösel, 2005.

Ayres, Jean: Bausteine der kindlichen Entwicklung, Berlin, Springer, 1984.

Beuys, Barbara: Familienleben in Deutschland, aktualis. Ausg., Reinbek, Rowohlt, 2006.

Bodenburg, Inga/**Grimm**, Gunhild: So werden Kinder sauber. Schwierigkeiten und Erfolge, 14. Aufl., Reinbek, Rowohlt, 2005.

Bodenburg, Inga/**Grimm**, Gunhild: Was will das Kind denn bloß? Kleine Kinder verstehen und ihnen mehr Erfahrungen ermöglichen, Reinbek, Rowohlt, 1983.

Bodenburg, Inga/**Grimm**, Gunhild: Zusammenleben mit Kleinstkindern. Anregungen für die Arbeit in Krippen und Krabbelstuben, Berlin, FIPP, 1986.

Bodenburg, Inga/**Kollmann**, Irmgard: Frühpädagogik. Arbeiten mit Kindern von 0 bis 3, Troisdorf, Bildungsverlag EINS, 2009.

Brandhorst, Peter: Vererbte Chancenlosigkeit, Gewerkschaft Erziehung und Wissenschaft, 01.12.2007, unter: http://gew.de/Schwerpunkt_Bildungsarmut_122007.html, [21.12.2009].

Brizendine, Lousann: Das weibliche Gehirn. Warum Frauen anders sind als Männer, Hamburg, Hoffman und Campe, 2007.

Carr, Margret: A National curriculum, assessment and evaluation. Implementing Te Wariki for the "before fives" in Aotearoa, New Zealand. New Zealand Council for Educational Research, Wellington/Auckland, 2000.

Carr, Margaret: Assessing children's learning in early childhood settings. Support booklet and videos. New Zealand Council for Educational Research, Wellington/Auckland, 1998.

Carr, Margret: Assessment in Early Childhood Settings: Learning Stories. London, Sage Publications Inc., 2001.

Deutscher Bildungsserver, 2009, abrufbar unter: http://www.bildungsserver.de/Partizipation-von-Kindern-4426.html, [27.07.2015].

Deutscher Bildungsserver: Partizipation von Kindern, unter: www.bildungsserver.de/zeigen.html?seite=4426, [11.05.2015].

dpa: Mehr Unterricht im Kindergarten, Hamburger Abendblatt, 02.06.2006, S. 4.

Featherstone, Sally/**Beswick**, Claire: Aktivitäten für den Entwicklungsbereich „Aktiv lernende Kinder", Troisdorf, Bildungsverlag EINS, 2007.

Featherstone, Sally/**Beswick**, Claire: Aktivitäten für den Entwicklungsbereich „Gesunde Kinder", Troisdorf, Bildungsverlag EINS, 2007.

Featherstone, Sally/**Beswick**, Claire: Aktivitäten für den Entwicklungsbereich „Kommunikationsfreudige Kinder", Troisdorf, Bildungsverlag EINS, 2007.

Featherstone, Sally/**Beswick**, Claire: Aktivitäten für den Entwicklungsbereich „Starke Kinder", Troisdorf, Bildungsverlag EINS, 2007.

Featherstone, Sally/**Williams**, Liz: Entwicklung unterstützen von 0 bis 3, Troisdorf, Bildungsverlag EINS, 2007.

Fthenakis, Wassilos/**Oberhumer**, Pamela: Frühpädagogik International. Bildungsqualität im Blickpunkt, Wiesbaden, Verlag für Sozialwissenschaften, 2004.

Gardner, Howard: Der ungeschulte Kopf. Wie Kinder denken, 3. Aufl., übers. v. Malte Heim, Stuttgart, Klett-Cotta, 1996.

Gonzalez-Mena, Janet/**Widmeyer Eyer**, Dianne: Säuglinge, Kleinkinder und ihre Betreuung, Erziehung und Pflege. Curriculum für respektvolle Pflege und Erziehung, Freiburg, Arbor, 2008.

Hamburger Abendblatt (Hrsg.), DPA: Mehr Unterricht im Kindergarten, 02.06.2006.

Hellbrügge, Theodor/**Wimpffen**, Hermann von: Die ersten 365 Tage im Leben eines Kindes. Die Entwicklung des Säuglings, München/Zürich, Droemer Knaur, 1978.

Hentig, Hartmut von: Bildung – ein Essay, 5. aktualisierte Aufl., Weinheim, Beltz, 2004.

Hirler, Sabine: Wahrnehmungsförderung durch Rhythmik und Musik, 6. Aufl., Freiburg, Herder, 2009.

Hoerner-Nitsch, Cornelia von: Das Schmusebuch, Reinbek, Rowohlt, 1997.

Huhn, Norbert/**Schneider**, Kornelia: „Guck mal, was ich mache! – Schau dir an, was ich kann!" Einladung zur Entwicklung einer Bildungsdokumentation im Dialog mit jungen Kindern, in: Bildung sichtbar machen. Von der Dokumentation zum Bildungsbuch, hrsg. v. Gewerkschaft Erziehung und Wissenschaft, Berlin, verlag das netz, 2006, S. 25–51.

Hurrelmann, Klaus: Einführung in die Sozialisationstheorie, Weinheim, Beltz, 2002.

Hüther, Gerald/**Krens**, Inge: Das Geheimnis der ersten neun Monate: Unsere frühesten Prägungen, 5. Aufl., Düsseldorf, Patmos, 2007.

Jaszus, Rainer/**Büchin-Wilhelm**, Irmgard/**Mäder-Berg**, Martina/**Gutmann**, Wolfgang: Sozialpädagogische Lernfelder für Erzieherinnen, Stuttgart, Holland und Josenhans, 2008.

Kölsch, Stefan: Die emotionale Stimme, in: Zeitschrift Musiktherapeutische Umschau, 2008/29,3, Göttingen, Vandenhoeck & Ruprecht, 2008, S. 221–228.

Laevers, Ferre: Beobachtung und Begleitung von Kindern, übers. v. Klara Schlömer, Schlömer & Kellermann, 2005.

Laevers, Ferre: Die Leuvener Engagiertheits-Skala für Kinder LES-K. Deutsche Fassung der Leuven Involvement Scale for Young Children. Video und Handbuch, Schlömer & Kellermann, 2005.

Laewen, Hans-Joachim/**Andres**, Beate (Hrsg.): Forscher, Künstler, Konstrukteure. Werkstattbuch zum Bildungsauftrag von Kindertageseinrichtungen, Berlin, Cornelsen Scriptor, 2007.

Laewen, Hans-Joachim/**Andres**, Beate/**Hedervari**, Eva: Die ersten Tage in der Kinderkrippe. Ein Modell für die Gestaltung der Eingewöhnungssituation, Neuwied/Kriftel/Berlin, Luchterhand, 2000.

Laewen, Hans-Joachim/**Andres**, Beate/**Hedervari**, Eva: Ohne Eltern geht es nicht, 4. Aufl., Weinheim/Basel, Beltz, 2006.

Lahninger, Paul: Leiten, präsentieren, moderieren. Arbeits- und Methodenbuch für Teamentwicklung und qualifizierte Aus- und Weiterbildung, Münster, Ökotopia Verlag, 1998.

Leu, Hans-Rudolf/**Schneider**, Kornelia/**Flämig**, Katja/**Frankenstein**, Yvonne/**Koch**, Sandra/**Pack**, Irene/**Schweiger**, Martina: Bildungs- und Lerngeschichten. Bildungsprozesse in früher Kindheit beobachten, dokumentieren und unterstützen, Weimar/Berlin, verlag das netz, 2007.

Levsen, Heinz-Johann/**Thömen**, Annegret: Experimentieren mit Farben. Arbeiten mit Kindern bis zu 3 Jahren, Hamburg, unveröffentlichtes Manuskript, 2005.

Mienert, Malte: Übergänge in der Kita gestalten, unter: www.ent-paed-psy.uni-bremen.de 2007, [11.05.2015].

Mitterauer, Michael: Der Mythos von der vorindustriellen Großfamilie, in: Vom Patriarchat zu Partnerschaft. Zum Strukturwandel Familie, hrsg. v. Michael Mitterauer/Reinhard Sieder, 2. Aufl., München, C. H. Beck, 1980.

Münchmeyer, Anne-Bärbel: Spielen mit kleinen Kindern und Babys, Reinbek, Rowohlt, 1990.

Orlick, Terry: Neue kooperative Spiele, Weinheim/Basel, Beltz, 1985.

Pousset, Raimund: Fingerspiele und andere Kinkerlitzchen. Spiel-Lust mit kleinen Kindern, Reinbek, Rowohlt, 2004.

Rabenstein, Reinhold/**Reichel**, René/**Thanhoffer**, Michael: Das Methoden-Set. Band 2: Themen bearbeiten, 12. Aufl., Münster, Ökotopia, 2004.

Schäfer, Gerd E.: Bildungsprozesse im Kindesalter. Selbstbildung, Erfahrung und Lernen in der frühen Kindheit, Weinheim/München, Juventa, 1995.

Scheu, Ursula: Wir werden nicht als Mädchen geboren – wir werden dazu gemacht, Frankfurt, Fischer, 1977.

Schnack, Dieter/**Neutzling**, Rainer: Kleine Helden in Not. Jungen auf der Suche nach Männlichkeit, Reinbek, Rowohlt, 1990.

Schneider, Kornelia: Bildung, Erziehung und Betreuung von Anfang an – ein Plädoyer für öffentlich geförderte Angebote für Familien, in: Kinder fördern, Eltern entlasten. Eine gemeinsame Aufgabe von Kindertageseinrichtungen und Kindertagespflege? Dokumentation der Fachwoche 2006, hrsg. v. Johanna Meißner/Frank Jansen, Verband Katholischer Tageseinrichtungen für Kinder (KTK) – Bundesverband e.V. Freiburg, 2007, S. 75–84.

Schneider, Kornelia: Frühe Bildung und Bildungsdokumentation: Voneinander lernen – internationale Erfahrungen und Ansätze in Deutschland, in: Guck mal! Bildungsprozesse des Kindes beobachten und dokumentieren, hrsg. v. Bertelsmann Stiftung, Gütersloh, Verlag Bertelsmannstiftung, 2005, S. 50–65.

Schneider, Kornelia: Kinder in ihrer Weltaneignung unterstützen. (1) Wie forschen Kinder im Kleinstkindalter? In: kindergarten heute, Heft 6–7/2008, S. 8–13; (2) Wie lernen Kinder und was brauchen Sie dafür? In: kindergarten heute, Heft 8/2008, S. 8–13; (3) Wie Sie Beobachtung, Reflexion und fachlichen Austausch für die Bildungsbegleitung nutzen. In: kindergarten heute, Heft 9/2008, S. 8–14.

Schneider, Kornelia: Und was hast du heute gemacht? Fragen zur Bildung im Krippenalter, in: Wach, neugierig, klug – Kinder unter 3. Ein Medienpaket für Kitas, Tagespflege und Spielgruppen, Bildungs- und Entwicklungsaspekte, hrsg. v. Bertelsmann Stiftung/IFP, Gütersloh, Verlag Bertelsmann Stiftung, 2006.

Schneider, Kornelia: Von der Anstalt zum Bezugsraum. Wie vor 35 Jahren die Pädagogik Einzug in den Krippen-Raum hielt, in: KiTa spezial, 4/2008, S. 25–33.

Schneider, Kornelia: Wie kommt die Bildung ins Bildungsbuch und wie entsteht Bildung durch das Bildungsbuch? In: Das Bildungsbuch. Dokumentieren im Dialog, hrsg. v. Gewerkschaft Erziehung und Wissenschaft, Weimar/Berlin, verlag das netz, 2008, S. 97–127.

Schulz von Thun, Friedemann: Miteinander reden. Band 1, Reinbek, Rowohlt, 1981.

Schulz von Thun, Friedemann: Miteinander reden. Band 3, Reinbek, Rowohlt, 1998.

Senat der Freien und Hansestadt Hamburg: Hamburger Bildungsempfehlungen für die Bildung und Erziehung in Tageseinrichtungen, Hamburg, 2008.

Siegler, Robert/**DeLoache**, Judy/**Eisenberg**, Nancy: Entwicklungspsychologie im Kindes- und Jugendalter. 1. Aufl., München, Spektrum Akademischer Verlag, 2005.

Spitzer, Manfred: Lernen: Gehirnforschung und die Schule des Lebens, München, Spektrum Akademischer Verlag, 2006.

Tracy, Rosemarie: Wie Kinder Sprachen lernen, 2. Aufl., Tübingen, Francke, 2008.

Traxler, Kim: Das Bewegungskonzept Elfriede Hengstenbergs, 4. Aufl., Freiamt im Schwarzwald, Arbor, 2009.

Turek, Ludwig: Ein Prolet erzählt, Frankfurt, Fischer, 1975.

Vandenbussche, Els/**Krog**, Marina u. a.: Beobachtung und Begleitung von Kindern. Deutsche Fassung von „A process-oriented child monitoring system". Centre for Experiential Education, Leuven, Belgien, 1976.

Van Dieken, Christel: Was Krippenkinder brauchen: Bildung, Erziehung und Betreuung von Unterdreijährigen, Freiburg, Herder, 2008.

Winner, Anna: Kleinkinder ergreifen das Wort. Sprachförderung mit Kindern von 0 bis 4 Jahren, 1. Aufl., Berlin/Düsseldorf/Mannheim, Cornelsen Scriptor, 2007.

Wygotski, Lev Semjonowitsch: Denken und Sprechen. Psychologische Untersuchungen. Hrsg. und übers. v. Joachim Lompscher/Georg Rückriem, Weinheim/Basel, Beltz, 2002.

Wygotski, Lev Semjonowitsch: Mind in society: The development of higher psychological processes, Cambridge, Harvard University Press, 1978.

Zimmer, Dieter E.: So kommt der Mensch zur Sprache. Über Spracherwerb, Sprachentstehung, Sprache und Denken, München, Heyne, 2008.

Zimmer, Renate: Handbuch der Sinneswahrnehmung. Grundlagen einer ganzheitlichen Erziehung, Freiburg/Basel/Wien, Herder, 1995.

Bildquellenverzeichnis

Angelika Brauner, Hohenpeißenberg/Bildungsverlag EINS GmbH, Köln: S. 36

dpa Picture-Alliance GmbH, Frankfurt: S. 11, 23.2

Fotolia Deutschland GmbH, Berlin: S. 9 (theres), 57.2 (Olga Solovei), 72 (Mitte: Dron), 77.1 (Stefan Redel), 77.2 (Bernd Leitner), 78 (James Steidl), 104.1 (Yvonne Bogdanski), 110 (NiDerLander)

Harald Marxen, Stapelfeld/Bildungsverlag EINS GmbH, Köln: S. 23.1, 25, 26, 40.1-4, 41.1-2, 52.1-4, 53.1-4, 64.1-4, 68, 88.1-2, 94.1, 104.2, 104.3, 105

istock, Canada: S. 56

MEV Verlags GmbH, Augsburg: S. 27 (Bernd Müller), 57.1 (Bernd Hohlen), 57.3 (Photodesign Müller), 72 (Körbe außen: GEWA Fotostudio)

Christian Schlüter, Essen/Bildungsverlag EINS GmbH, Köln: S. 33, 42, 43, 81, 100, 118, 122

ullsteinbild: S. 13

Umschlagfoto: Harald Marxen, Stapelfeld/Bildungsverlag EINS GmbH, Köln

Sachwortverzeichnis